L'ALSACE

A

L'EXPOSITION DES BEAUX-ARTS

DE PARIS (1864)

PAR

AD. MORPAIN.

<table>
<tr><td align="center">STRASBOURG
AD. CHRISTOPHE
Imprimeur-Éditeur
GRAND'RUE, 136.</td><td align="center">PARIS
ACHILLE FAURE
Libraire-Éditeur
BOULEVARD ST.-MARTIN, 21</td></tr>
</table>

1864.

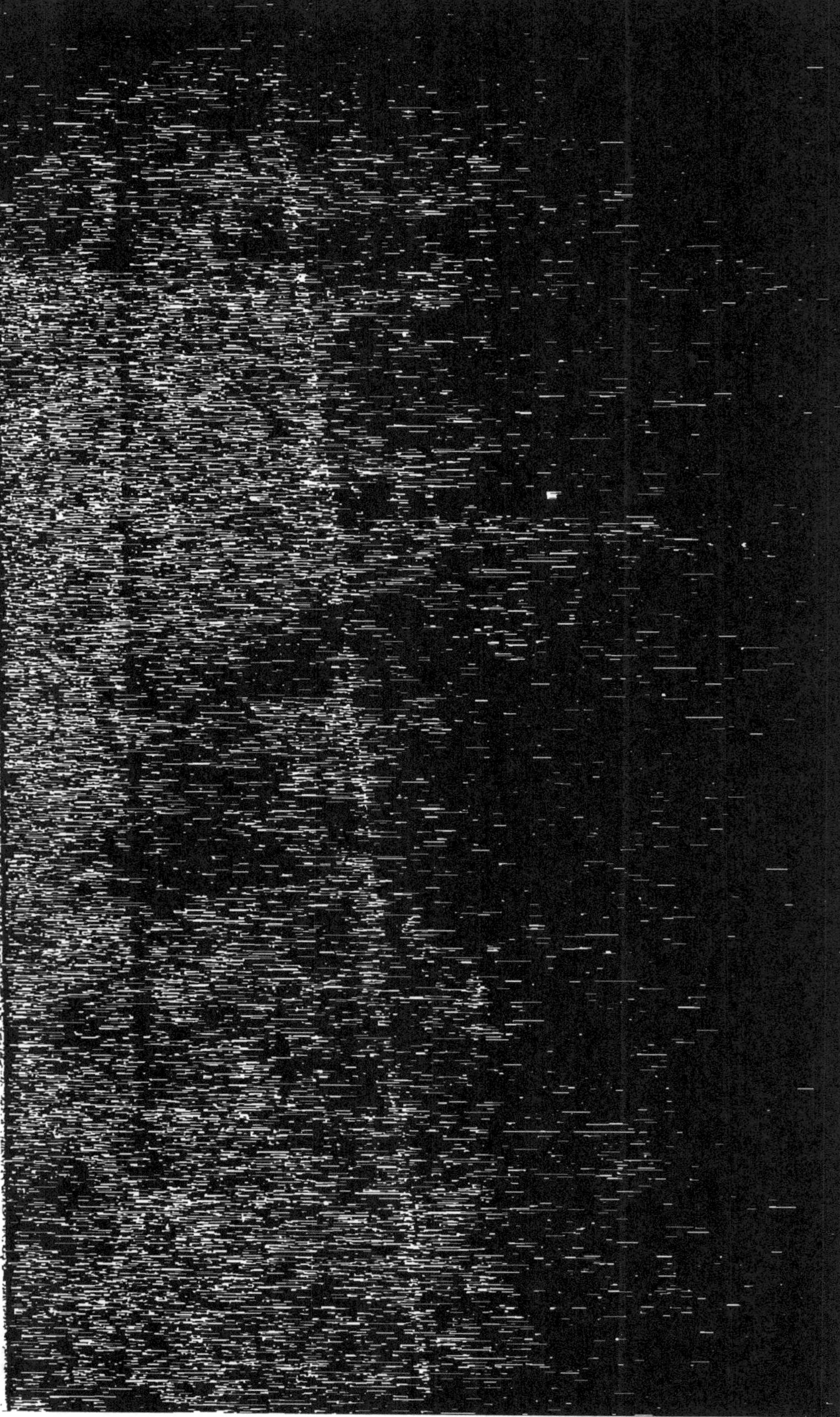

L'ALSACE

A

L'EXPOSITION DES BEAUX-ARTS

DE PARIS (1864)

PAR

AD. MORPAIN.

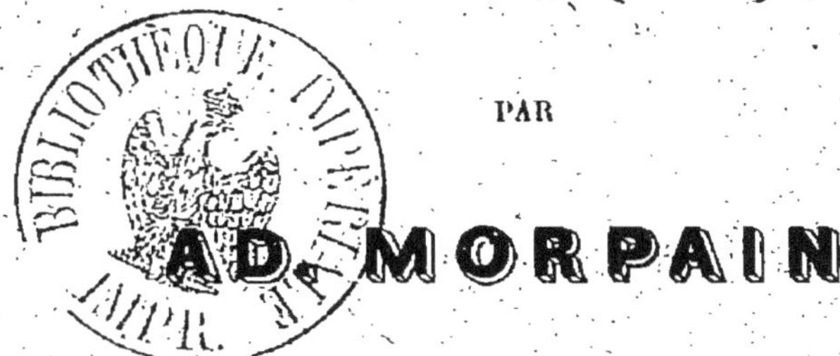

STRASBOURG		PARIS
AD. CHRISTOPHE		ACHILLE FAURE
Imprimeur-Éditeur		Libraire-Éditeur
GRAND'RUE, 136.		BOULEVARD ST.-MARTIN, 21.

1864.
1865

A M. Joseph FUCHS, a Paris.

L'ALSACE

A L'EXPOSITION DE 1864.

L'Exposition de 1864 est aussi brillante que l'a été celle des années précédentes. Elle s'est ouverte le dimanche 1er mai. C'est toujours au Palais de Cristal que cette exhibition a lieu. Deux statues équestres de M. Clesinger, en plâtre bronzé, représentant François Ier et Napoléon Ier, s'élèvent de chaque côté sur des piédestaux de marbre. Elles sont d'un effet monumental et d'un aspect grandiose.

Si nous pénétrons dans ce temple de l'art, où mille soixante-dix tableaux, sculptures, pastels, miniatures ou dessins, sans compter trois cent soixante-dix-neuf ouvrages refusés par le jury et exposés dans la salle du purgatoire, attendent impatiemment les suffrages du public, nous avons de la peine à nous faire jour au milieu de ces toiles. Petit à petit, le livret en main, nous parvenons à trouver les artistes que nous cherchons. Quoique les salles soient classées par ordre alphabétique, il arrive qu'une toile est dans le voisinage de sa lettre et qu'il faut avoir recours à l'indication du gardien pour trouver le numéro. On ne se figure point la quantité de toiles et de noms. Nous plaignons vraiment l'artiste qui n'a ni parents ni amis qui viennent s'occuper de son œuvre et attirer l'attention des spectateurs. On dira que le talent se fait connaître, c'est très-vrai, mais il faut aussi qu'on vous présente, qu'on vous montre et qu'on fasse son entrée dans le monde. On ne saurait croire ce que fait l'exposition d'une toile, si elle est placée à droite ou à gauche, si le jour descend à point. C'est toute une harmonie, une

1

gamme de couleurs. On nous a dit qu'un artiste, voyant sa toile mal placée, monta sur une échelle et d'un coup de canif fit le sacrifice de son œuvre. Il paraît que la commission a jugé ce fait comme un effet d'exaltation et que la toile a été recollée et mise en bonne place. La trace du canif se voit encore et on se raconte le fait que nous avons annoncé.

Le monde se presse et se heurte dans les salons. Commençons par esquisser le jardin. Des statues de toute forme et grandeur s'élèvent à droite et à gauche. On remarque *le César et les Taureaux*, de M. Clesinger ; *le petit Satyre jouant avec de jeunes ours*, de M. Fremiet ; *le saint Jean-Baptiste*, de M. Dubois ; *la Lionne du Sahara*, plâtre ; *le Combat de coqs*, bronze, de Cain ; *le Martyr moderne*, statue plâtre, de Bartholdi ; *la jeune Fille à la coquille*, de M. Carpeaux.

Parmi les œuvres les plus importantes en fait de peinture : *l'Empereur à Solferino*, petite toile de cinquante centimètres de haut et presqu'autant de large ; *l'OEdipe*, de Gustave Mereau ; *Louis XIV et Molière*, d'Hégésippe Vetter ; *l'Almée*, de Jérôme ; *un Dimanche au musée du grand-duc*, de G. Jundt ; *la Colombe de l'Arche*, de M. Brion ; *un Secret de Polichinelle*, de Holtzapfel ; *une Grève*, *une Leçon d'anatomie*, de Feyen-Perrin ; *les Bords du Tarn, soleil levant*, de Nazon ; *la première Layette*, de Rongat ; *la Femme agaçant une perruche*, de Bornschlegel ; *Magenta*, de Touchemolin ; *la Nuit de St-Jean dans les îles Lofotes* et *les Baigneuses*, de Saal, etc., etc.

L'Alsace, à l'Exposition, a une bonne place, comme artistes et comme souvenirs. En artiste, les noms les plus connus sont appréciés des amateurs. Comme souvenir, cette terre a donné éveil à beaucoup de créations. On voit des toiles représentant des Alsaciens et des Alsaciennes, signées de Marchal et autres.

Les Allemands et les Belges ont fait de bien belles choses, leur nombre est assez grand et ils contrebalancent les Français. Ils sont venus chercher à Paris la grâce et l'esprit ; ils ont réussi. Ces derniers ont l'avantage sur les nôtres par la ténacité de leurs études et de leur travail. Qu'importe, on reprochait aux Allemands la laideur et la paresse de mouvement ; aujourd'hui ils sont aussi allègres et aussi spirituels que les artistes parisiens. Nous ne voulons jeter de l'encens à personne, mais c'est l'opinion un peu reçue de tout le monde.

Revenons aux artistes alsaciens ; nous allons commencer par ordre alphabétique.

ARBEIT.

48. *Une famille au repos (Vosges.)* — M. Arbeit est le digne élève de Corot. Il semble suivre les traditions de son maître. Corot est une nature naïve, timide, idyllique, qui traduit parfois l'antiquité avec la bonhomie familière de Lafontaine. Il pourra copier son *Soleil levant,* ses *Souvenirs d'Italie,* où l'atmosphère est argentée, la vapeur lumineuse, les eaux claires et calmes. Voici ce que représente le tableau :

Les dernières lueurs du soleil colorent au loin l'horizon, qui se perd dans une gamme de tons très-harmonieux. A droite, un bois qui reçoit encore quelques rayons de lumière. A gauche, on aperçoit une élévation, espèce de monticule surmontée de broussailles. Près de cette colline sont assis trois paysans ; ils ont fait une longue route, sarclé, hersé, labouré la terre ; ils se reposent des fatigues de la journée. C'est un de ces paysages des Vosges qui a dû inspirer Erckmann-Chatrian dans ses pages éloquentes du docteur Matheus et autres.

Le tableau a un certain charme poétique dans lequel on retrouve la touche du maître. Cependant, M. Arbeit devrait se dépouiller de cette facture trop identique pour prendre un genre à lui et se livrer à son entier essor.

BANNES DU PORT DE PONCHARRA-PUYGIRON,
capitaine au 5e voltigeurs.

81. *Expédition de Chine.* — Établissement d'une grand'-garde pendant le débarquement des troupes françaises dans

la presqu'île de Tche-Fou. Le tableau est d'une moyenne grandeur. Un officier enveloppé de son manteau est assis sur le premier plan. Il a à ses côtés un soldat. Il lui désigne du doigt l'arrivée du corps d'armée. A droite se trouve un groupe de soldats, une tente où flotte le drapeau tricolore, plus loin des soldats faisant la cuisine derrière des montagnes. A gauche, ce sont des Chinois sous leur tente avec le parasol, puis des bayonnettes des compagnies qui arrivent; sur le premier plan, les hommes de corvée portant la soupe. Tout est bien agencé, et l'on comprend parfaitement la scène du tableau. Au fond, la mer, un vaissau au mouillage. La couleur est vive.

BENNER.

135. *Fleurs.* — C'est une grande guirlande de pavots sauvages de couleurs éclatantes, encadrant un médaillon. Les fleurs sont bien faites et ressortent à merveille.

BERNIER.

151. *Embouchure de l'Horn (Finistère).* — C'est un grand paysage représentant une nature assez revêche; à gauche est le rivage, au fond la rivière; à droite des arbres et la prairie. Le ton est un peu gris et triste.

152. *Grève de Guiseny (Finistère).* — Nature morte. Grande masse de pierres, rochers, flaques d'eau. Sur le premier plan des pêcheurs, un cheval. Ils reviennent de la pêche. Au loin la mer. C'est l'aridité du sol blanchi par les vagues. C'est bien étudié et rendu avec succès. Ce sont bien ces grèves où viennent se briser les navires quand l'Océan est en courroux. Point d'algues marines. Tout est sauvage sur ces grèves.

BOHLY (Mad. Marie G.).

181. *Cep de vigne.* — Panneau décoratif. De superbes raisins noirs, bleus et blancs montrent leurs graines arrondies

et luisantes. Ce sont bien les grappes du bon vin du Rhin, ce vin qui pétille dans le cristal, des raisins de Barr, du muscat d'Ottrott, qui font venir *l'eau* à la bouche. Le vin généreux d'Alsace est bien représenté. Près du cep arrive un renard qui trouve le fruit excellent et certes pas trop vert, comme dit la fable. Il les trouve à point et à son goût. C'est un très-joli panneau de haute taille et où la couleur n'est pas ménagée.

188. *Roses trémières.* — Panneau décoratif. C'est une guirlande de fleurs épanouissantes de dahlias, de couleurs vives et bien arrangée. Les amateurs de fleurs peuvent se réjouir de cette vue et détacher les feuilles de ces splendides tiges.

BOURCART.

226. *Rendez-vous de chasse.* — Les Alsaciens, loin de leurs villes et de leurs villages, ont le mal du pays en voyant cette ravissante toile. C'est d'un saisissant remarquable. Maison de paysan, calèche de chasse, cour de ferme, tout est d'un naturel et d'un arrangement fini. C'est bien la chasse comme elle se fait en Alsace. En Alsace, la chasse a plus de variété et de charme que dans les alentours de Paris. Du moins en Alsace, vous avez des montagnes, des forêts, des gardes-chasse, des paysans qui comprennent encore le véritable plaisir de saint Hubert. Le paysan riche est chasseur de coutume, et il reçoit les hôtes de la ville. C'est là qu'on devise, qu'on conte, que le noble, l'industriel, le magistrat, le militaire en retraite viennent donner une poignée de main au paysan et cause, le fusil sur l'épaule, des affaires et des choses. Voici la toile : Une calèche de chasseurs vient d'arriver dans la cour d'une ferme. La porte cochère est grande ouverte et laisse voir une seconde calèche prête à suivre l'autre. On aperçoit dans le lointain la rue du village et ses maisons. Près de la porte cochère se tiennent des gamins et des curieux; dans l'intérieur tout le monde est sur pied, pour recevoir les hôtes de la ville et

d'alentour. Tout s'agite et se démène ; des chiens de chasse, une belle meute, qui aboie, met la basse-cour en révolution. Aussi oies, canards et poules volent à droite et à gauche. De la calèche descendent des chasseurs qui montent le perron de la maison. Le riche paysan, le propriétaire de la ferme, les reçoit poliment sur le seuil. A la fenêtre de la maison se montre une jolie paysanne qui regarde l'arrivée des invités. La maison est tapissée d'une vigne et encadre bien ce tableau. C'est bien le rendez-vous des chasseurs. Ils vont s'amuser, chasser le gibier et surtout ils assisteront à un bon dîner, où ils raconteront leurs prouesses. Tout Alsacien est un peu chasseur au fond.

BRION,

263 et 264. — M. Brion est devenu un artiste hors ligne, M. Brion met son pinceau au diapason qu'il veut. Il sait rendre avec une grâce charmante les types particuliers, les costumes bizarres, les intérieurs aux détails caractéristiques ; il donne le sentiment et la beauté à des physionomies rustiques.

La Fin du déluge. — «La colombe revint auprès de lui vers le soir ; voilà qu'une feuille arrachée d'un olivier était dans son bec ; alors Noë comprit que les eaux avaient diminué sur la terre.»

L'arche se trouve à gauche, Noë est sur l'avant, il tend les bras à l'oiseau qui vient lui donner l'espérance. Sur le seuil du bateau, on voit sortir trois femmes qui regardent du côté de l'espace. Le crépuscule est dans le lointain et une bande de feu sillonne l'horizon. C'est le soleil qui est descendu dans l'Océan.

La toile est assez grande et montre que l'artiste a du charme pour les passages bibliques. C'est bien là ce que nous avons rêvé, nous tous enfants, quand on nous épelait la grande époque de l'Histoire-Sainte. Loin de nous les idées des géologues qui veulent nous attacher à la terre par leurs preuves géologiques, leurs terrains ternaires et quaternaires ; le mirage a encore ses illusions. En peinture c'est permis.

264. Du sacré nous tombons dans le réel: *La Quête au loup*, souvenir d'Espagne.

Sur le premier plan nous voyons deux mendiants appuyés à une maison. Ils ont devant eux la dépouille d'un loup monté sur quatre piquets. Au premier abord on prendrait cette peau et la tête pour un loup véritable. Sûrement ils auront tué ce loup et ils demandent une gratification pour leurs peines, sans quoi ils imiteraient nos aveugles et nos joueurs d'orgues de Paris qui sont la plupart des aveugles d'occasion. Au fond, sous une galerie, arrive du monde. La scène est très-originale et ne manque pas de cachet. M. Brion fait tout ce qu'il veut. Il se tient toujours à la hauteur de son sujet.

EHRMANN.

656. *Les envoyés athéniens, allant consulter l'oracle de Delos, arrivent en vue de l'île.* — Le tableau n'est pas placé dans la salle des E. Il faut le chercher dans les F. C'est une conséquence du placement. Ainsi les toiles sont classées dans les alentours de leur lettre, suivant l'effet ou la taille du cadre.

Une galère montée de robustes rameurs fend la mer tant chantée par les poètes grecs. Le ciel est resplendissant de lumière et reflète ses rayons sur les vagues. La galère est inondée de cette clarté. La voile est enflée et laisse voir le dragon emblématique. Ils s'en vont, les envoyés, avec l'espoir dans le cœur; ils regardent la terre promise, cette terre qui doit leur donner la parole de paix, de consolation et d'espérance.

On aperçoit l'île de Delos dans le lointain. Sur le premier plan, la vague se déchire et laisse voir la proue, la tête du navire. C'est une belle galère richement ornementée et digne d'aller consulter l'oracle de Delos. La toile est bien faite et le ton est ménagé avec succès.

FOREST (Eugène).

729. *Faisan et perdrix.* — La toile est de moyenne grandeur. Elle représente des faisans et des perdrix couchés sur l'herbe et sur des orties. La verdure n'est pas trop épinard et les feuilles d'orties sont assez naturelles. Sont-ils couchés là en parade, ce coq sauvage et ces gallinacées? Viennent-ils de tomber sous le plomb du chasseur? c'est ce qu'on peut se demander. Cependant la couleur du plumage du faisan est brillante et fait de l'effet. Nous avons vu chez M. Petitville, à Strasbourg, une galerie de panneaux représentant tous les oiseaux possibles, depuis le simple moineau jusqu'aux bipèdes ailés les plus riches en couleurs. Le panneau n° 730, qui nous montre un loriot, pie et tourterelles, doit sortir de la même école. Nous ignorons si M. Forest a suivi dans ce genre l'atelier de M. Petitville, mais sa manière d'exécution pourrait nous le faire présumer. Le panneau n° 730 est très-gracieux et digne d'être accroché au mur d'une salle à manger de chasseurs.

GLUCK.

830. *César et Gaulois.* — «Dans une bataille contre les Gaulois, César fut saisi par un ennemi d'une force prodigieuse qui l'enleva tout armé de son cheval, lorsqu'un autre Gaulois, reconnaissant le chef romain, s'écria : Frappe-le, c'est César. Le premier, étourdi de ces paroles et de l'importance de son prisonnier, le laissa échapper.»

M. Gluck se plaît dans l'histoire; il y puise, il y cherche les sujets les plus variés. L'année dernière, il était plongé en plein moyen âge. A cette heure, il nous arrive avec l'histoire romaine. Il a dépeint sur une toile plus longue que large un épisode dramatique. Ce fait isolé dans l'histoire montre la grandeur et la renommée de César. Quoi, un ennemi tremble de tuer le plus grand général! Quoi, la gloire éblouit les yeux d'un barbare jusqu'à laisser tomber le glaive de l'opprimé contre l'oppresseur. La gloire, cette fille du ciel, séduit et fait courber le front du plus orgueilleux.

Sur le premier plan arrive, à bride abattue, un Gaulois à longues moustaches et montrant du doigt César : C'est lui, crie-t-il à celui qui le tient, ne le lâche point, achève-le. Mais l'autre, à cheval aussi, ayant toutes les peines possibles à saisir son ennemi qui s'efforce de se soustraire à ses étreintes, est surpris de cette parole magique et va laisser fuir son prisonnier. Le temps est précieux, les minutes sont comptées. A droite, à gauche on se bat, les légionnaires accourent pour sauver, dégager leur général Il y a beaucoup d'action dans cette toile, qui a le mérite de mettre en vue un fait qui semblait et restait ignoré jusqu'à nos jours.

HASENFRATZ.

Cet artiste nous arrive d'Egypte. C'est ce que nous apprennent ses deux toiles. Il a vu le Caire, le Nil et les types les plus variés d'Arabes. Et après maintes réflexions, laissant de côté les mosquées, les minarets, les pyramides et mille et une péripéties du pays du soleil, il nous expose une toile d'une simplicité remarquable et d'une naïveté charmante : *Les gamins sont partout les mêmes*, n° 920 ; donc le cœur humain, l'enfance avec ses jeux, la jeunesse avec ses combats sont partout les mêmes. Figurez-vous une ruelle étroite du Caire, semée d'échoppes larges tout au plus comme un comptoir, où d'habitude sont assis, les jambes croisées, les gens du pays. Près de la porte d'une de ces masures on voit deux écoliers. Ils sont vêtus de riches guenilles. Leur toilette n'a pas dû être longue à faire. Ils ont ce qu'on veut bien supposer de larges pantalons en coton blanc et des écharpes d'indienne de toutes sortes de couleurs. L'un d'eux charbonne sur le mur des bonshommes, le second admire les coups de crayon de ce petit Raphaël.

921. *Schadouffes. Appareils d'arrosage sur les bords du Nil.* — Le tableau représente un de ces paysages invariables de l'Egypte ; ciel, terre, tout est brûlant. Une longue perche fixée à un pieu sert de pompe. Au bout de la perche se trouve le sceau, et à l'aide de deux hommes cette machine

énorme fonctionne. Un groupe d'Arabes se trouve près de l'appareil et s'apprête à déverser l'eau sur les terres et à la faire arriver par des auges à destination. Le cadre est un peu petit et ne donne pas assez la majesté et le silence du site. C'est une étude sérieuse et qui fixe l'attention.

HOLTZAPFEL.

957-958. — Nous avons eu de cet artiste, les années précédentes, des productions d'un genre varié, mais ce qu'il aime surtout, c'est le moyen âge. Ce sont les costumes bigarrés de l'époque qui charment cet artiste. Il se plait dans ce style et se transporte avec bonheur dans ces villes à pignons. Ce tableau ferait le bonheur des Piton, des Heitz, des Spach, ces Bénédictins de l'Alsace, qui savent faire sortir de leurs tombes les vieilles traditions et ressusciter les souffles éteints des génies : Piton dans son *Alsace illustrée*, Heitz dans ses travaux archéologiques et géographiques, Spach dans son histoire exemplaire des provinces rhénanes, nous ont maintes fois fait assister à ces réveils.

Commençons par parler du n° 957. *Un secret de Polichinelle*. — Dans une chambre de travail où règnent l'ordre et l'économie, se trouve réuni un groupe de jeunes filles : un véritable nid d'hirondelles où toutes doivent caqueter avec plaisir. Une missive a été reçue par la demoiselle de la maison. Est-ce un mariage qu'on annonce sous le sceau du secret ? Est-ce une déclaration pompeuse qu'un imprudent don Juan a adressée mal à propos ? Nous l'ignorons. Ce que nous supposons, c'est que le contenu de la lettre doit rester un secret et qu'il va devenir la chronique de la ville et du quartier. Les costumes datent du siècle dernier. Ce sont de petites bourgeoises, leurs corsages sont en satin, leurs jupons modestement ballonés, ce ne sont donc pas des Pompadours aux petits pieds. Tête de ci, tête de là, tous ces jolis minois, à l'air espiègle et malin, divertissent la toile et la rendent attrayante.

958. *Une procession au XVII° siècle*. — C'est là que l'origi-

nalité de l'artiste se révèle. C'est là qu'il vit et qu'il s'agite. Son pinceau s'est complu à décrire ces vieilles maisons, ces étroites ruelles, où l'on peut se donner une poignée de main d'une fenêtre de la rue à la fenêtre de vis-à-vis, comme dans la rue des Moulins, au Pflantzbad, à Strasbourg. La place où la procession passe peut parfaitement être l'ancien carrefour du Pfaltz. A droite, on voit une maison à perron et à arcades, vis-à-vis des maisons à pignons à deux étages, avec fenêtres basses et ornées de draperies et de drapeaux. Des têtes de femmes et de jeunes filles diaprent ces croisées. La foule encombre la place; à droite des maisons et des ruelles d'où débouche le clergé avec ses robes rouges, blanches et noires et ses cierges allumés. La majesté catholique se révèle dans ces ordres religieux qui défilent devant la foule. Tout doit s'incliner devant la croix. C'est gracieux de couleur et de vie. Belle époque pour la bigarrure et les costumes, mais, Dieu sait, notre génération serait bien gênée de circuler dans ces méandres. Nous ne pouvons qu'encourager et féliciter l'artiste d'avoir produit deux jolis tableaux.

JUNDT.

Voici l'artiste le plus spirituel du salon. Il a rendu l'année dernière, avec une grande finesse d'observation, des sujets tyroliens. Les costumes et les couleurs étaient d'une exactitude extrême. Aujourd'hui il offre à nos yeux deux toiles remarquables : n° 1027, *Sur la montagne*, et 1028, *Un dimanche au musée du grand-duc.*

Sur la montagne. — Un paysan et une paysanne, deux fiancés. Au Tyrol ou dans le grand-duché, c'est la coutume : on est fiancé pendant trois, quatre, dix années. L'amour sentimental se cultive sur ces terres. Les amoureux sont moins volages qu'en deçà du Rhin. Cela dépend du tempérament et de la nuance des cheveux. Ces fiancés de la toile, assis sur le gazon, s'entretiennent longuement de leurs chagrins ou de leurs espérances. Nous croyons plutôt qu'ils causent de leurs espérances. Le garçon est bien découplé ; la paysanne se porte à ravir et ne fait point présumer qu'elle a des soucis. La tête de la paysanne est belle et expressive. Le paysage est joli et coquet. Le ciel a bien ce vaporeux et cette sérénité des beaux jours de mai. C'est une très-gentille églogue digne de Virgile.

1028. La toile représente une salle du musée du grandduc. Sur le premier plan, un peu sur la droite, se dessine la statue de Vénus de Milo. Un paysan du duché, endimanché, ganté de mitaines vertes et le chapeau à la main, lance un regard investigateur sur le marbre. Il est vraiment intrigué de voir cette statue de femme ainsi mutilée. Que sont-ils devenus, ses bras ? Pourquoi les a-t-on retranchés ? Serait-ce une monstruosité ? Il se questionne, et moins heureux que l'œdipe de *Moreau*, il ne parvient pas à deviner l'énigme. Il est là, posé niaisement, mais d'un niais à faire pâmer de rire. C'est la nature simple prise sur le fait. Près de lui, à quelques pas, se trouvent deux jolies paysannes coquettement mises, avec chapeaux en coquillage ; vraiment elles ne paraissent pas être sottes. Elles regardent à la dérobée un Hercule puissamment campé sur sa massue et se font réciproquement de petites considérations plastiques. Autant ce paysan paraît sérieux, autant elles sourient malignement et ne vont point chercher la chimère. A gauche, des paysans et des paysannes causent avec le gardien, qui a le chapeau traditionnel du suisse du palais. La pièce est dans le style de tous les musées. C'est une toile peinte avec entrain, esprit et finesse. La couleur y est distribuée avec grâce et harmonie. Dire qu'elle a du succès est inutile. Le monde s'arrête et sourit devant cette spirituelle composition.

KREUTZBERGER.

1036. *Portrait de Mlle A. B.* 1037 *Portrait. de M. L.* — Les portraits ne manquent pas cette année à l'exposition. Il y en a de toutes les tailles, de tous les rangs, de toutes les conditions : des têtes d'études, de vieillards, de jeunes femmes et d'enfants. Chacun tâche d'arriver dans ce genre au premier rang. Il y a beaucoup d'artistes cependant qui recueillent d'immenses hommages, mais bien peu sont appelés à ne faillir jamais. On se méprend sur les portraits, on veut que ce soit facile, puisqu'il n'y a qu'à reproduire une physionomie. Qu'on se détrompe : si tel était le but du portraitiste, la photographie aurait tué ce genre ; au contraire, elle a montré le pinceau dans sa soie, qui porte le sentiment et l'âme ; la photographie est la matière brute ; quant au souffle de la vie, c'est l'artiste qui le donne seulement. En portrait, telle personne est facile à peindre, telle autre difficile. Que cela soit dans la mobilité des traits, dans l'expression du regard, dans le coloris, dans la peau, dans ces mille riens qui font l'harmonie dans une tête, l'artiste n'a jamais assez d'yeux pour saisir toutes les nuances, déchiffrer les tons et les couleurs.

1036. *Portrait de Mlle A. B.* — La toile est d'une belle taille. La personne est debout près d'une table et a un livre en main. La pose est naturelle et simple.

1037. *Portrait de M. L.* — Là, le portraitiste a fait une tête d'étude de son modèle ; il s'est complu à lui donner la tonalité des couleurs. La peinture est rigoureuse et excellente. Peindre une tête d'homme est plus facile que peindre une tête de femme. Dans les traits de l'homme on peut viser à l'accentuation ; dans la tête d'une femme il y a des difficultés atroces, surtout en portrait. Toutes les femmes, soit par coquetterie, soit par amour-propre, soit par je ne sais quoi, désirent, demandent à l'artiste des tons qui ne sont pas en rapport avec leur physionomie. Toutes n'ont pas des figures nymbées de vierges, toutes n'ont pas les yeux voilés des Orientales. Toutes n'ont ni la tendresse ni le feu du regard. Joignez ces exigences à la difficulté de la ligne et de la couleur, et vous aurez la raison du peu de bonnes toiles dans ce genre.

M. Kreutzberger est coutumier de bien faire. Cette année il a le succès voulu.

KREYDER.

1058. — Flore et Pomone doivent être satisfaites. Les fleurs et les fruits sont très-nombreux cette année au palais de cristal. On pourrait faire des gerbes de fleurs et remplir des paniers de fruits. Tant mieux, il est toujours agréable à l'œil de voir ces brillantes couleurs. Les fleurs charment sans cesse, et bien que le peintre, en les représentant sur sa toile, ne puisse leur donner leur parfum, elles récréent l'œil, et où l'œil est content le cœur est à son aise. Il y a plus de fleurs que de combats. Il y a plus de Jésus que de tableaux de franches ripailles. Chaque année a sa caractéristique.

La toile est grande, haute et digne d'être placée soit dans un salon, une chambre de travail ou un boudoir. On pourrait la mettre à sa guise dans une salle à manger pour inviter au dessert les convives rassasiés. Mais il y a tant de charmes et de choses gracieuses dans ces fleurs et ces fruits, qu'il vaut mieux en jouir dans un endroit plus favorable. Figurez-vous une campagne des beaux sités de Barr, où le raisin est si beau et si bon. Il y a là différents ceps de raisins bleus et blancs et tout près s'élève un fraisier potager. Sur le sommet des ceps vient s'abattre une mésange (*eine Meise*). Affriandée par les beaux grains, elle veut en goûter. Sur un cep se trouve une autre mésange, qui commence son repas. Le plumage de ces oiseaux, aux couleurs si tranchées et si belles, est peint avec souplesse. L'artiste s'est réjoui de faire voltiger cette gent ailée sur ses fruits. Il doit connaître la légende de la mésange. Quant à cela, il n'a qu'à s'adresser aux archéologues strasbourgeois, qui ont deux versions à donner. La première, sur la naïveté de la fille du stadtmeister, qui, voyant sa chère mésange envolée, fit demander à son père qu'on fermât les portes de la ville ; la seconde est que, sur les remparts de la ville, se trouvait un canon baptisé du nom de mésange, et qui n'avait pas encore brûlé une seule amorce. De là sont venus les lazzis de *Meisenlocker* et ses complaintes.

M. Kreyder a spirituellement peint des fleurs et des fruits.

SCHUTZENBERGER (Louis-Frédéric).

1766-1767. — M. Schützenberger affectionne l'antique. C'est une agréable surprise de lui voir retracer d'ingénieuses fictions. Il chérit l'Arcadie, ses bois, ses forêts, sa mythologie, ses églogues, son peuple de pasteurs et de bergers. Les sujets alsaciens lui sont aussi familiers que ceux de la Grèce. Ces deux genres lui réussissent, il sait en tirer d'une manière élégante et aisée les plus belles et les plus riches fantaisies. On voit par la toile de Pygmalion que cet artiste sait modeler, que la cire et la terre glaise doivent se façonner entre ses mains. Nous nous rappelons d'avoir vu, il y a bien longtemps de cela, un petit groupe de cire composé et modelé avec tant de grâce que nous en avons gardé le souvenir.

1766. *Centaures chassant un sanglier.* — Sur le premier plan se détache un sanglier avec soie noire mouchetée, de belle taille, poursuivi par de terribles chasseurs ; que faire contre deux chasseurs pareils, deux centaures qui franchissent dans un élan prés, halliers, ruisseaux et torrents avec leurs jarrets d'acier et leurs sabots fumants, qui traversent à la nage marais, lacs et rivières avec leur robuste poitrail. Aussi le sanglier ainsi traqué s'efforce-t-il de se lancer dans un fourré de broussailles pour échapper à leurs atteintes. Au milieu sur l'avant vient d'arriver au triple galop un centaure ; il piaffe dans l'herbe, et s'arc-boutant sur ses reins solides, il calcule la distance. Sa main droite, armée d'un javelot, prend l'élan voulu du jet, en faisant le mouvement de recul et d'avant. Son bras gauche se soulève, et jusqu'à la hauteur des yeux, il sert de point de mire ; sur ses épaules flotte la dépouille d'une victime, c'est la peau du lion, l'emblème de la force. Une meute de chiens le suit. Le second centaure est sur la gauche, il est dans l'eau jusqu'à la ceinture ; il apprête son arc, il l'ajuste, il vise et va laisser glisser entre ses doigts la corde qui lance le trait fatal. Celui-ci porte carquois au côté et laisse flotter sur ses épaules le manteau d'une autre Dejanire.

Quant au paysage, c'est une clairière bordée d'arbres et de broussailles au fond de la forêt. Une fondrière, un marais, un étang, comme on voudra, est au milieu de la toile. La couleur est bien distribuée et pas trop éclatante. La verdure du premier plan respire une fraîcheur champêtre qui s'harmonise avec lieu et place.

1767. *Pygmalion embrassant sa statue.* — Aimer son œuvre, entourer l'objet sorti de ses mains de toute la sollicitude qu'un père témoigne à son enfant, dérober le feu du ciel et en faire cadeau au genre humain, est le propre du génie. Mais si le sculpteur, tel que Pygmalion, se laissant trop éblouir et emporter dans l'ardeur insensée de sa création jusqu'à en faire son idole, adore son chef-d'œuvre, c'est de l'hallucination et la contre-partie du génie créateur qui frappe celui qui veut contrebalancer l'architecte suprême. Il se heurte comme le phalène contre les vitraux d'une serre.

La toile de M. Schutzenberger est rendue avec un charme indéfinissable; il a compris, étudié et transporté cet épisode des âges anciens, cette défaite du génie, qui, pour être arrivé trop haut, de maître devient esclave de son œuvre. L'intérieur représente l'atelier de Pygmalion, à gauche se trouvent l'établi et l'ébauche d'une statuette. Sur le premier plan est une Vénus assise, sa main gauche, en signe de pudeur, se croise sur sa poitrine, la droite longe ses flancs. Elle a une pose vraiment enchanteresse. A ses pieds se trouve un bouquet de fleurs champêtres, un hommage que l'amant passionné a déposé en l'honneur de sa beauté. Le sculpteur, son maillet dans la main droite, est penché vers la statue; il est presqu'à deux genoux. Il l'enlace avec passion de sa main gauche et ses lèvres viennent déposer un baiser sur les joues du marbre. Hélas! il l'embrasse, c'est donc son rêve, son idole glacée qu'il a trouvée. La toile est parfaitement placée et reçoit un jour favorable. Elle fait vis-à-vis aux divans, où les visiteurs viennent l'admirer.

Sur le cadre de la toile sont inscrits ces mots: hors concours. Cet artiste a déjà eu une médaille de 3e classe en 1854; médaille de 2e classe en 1861; rappel 1863.

Comme à l'exposition il y a beaucoup de toiles qui représentent des intérieurs alsaciens et des coutumes locales, nous nous sommes fait un plaisir de décrire les sujets. De ce nombre nous avons remarqué le tableau de M. MARCHAL.

1288. *La foire aux servantes*, à Bouxwiller (Alsace). — Si vous voulez vous rendre à Bouxwiller pour voir la foire aux servantes et visiter les charmants sites du pays, vous prenez le chemin de fer de Strasbourg à Hochfelden, et au bout de quelques heures de locomotion vous êtes arrivé sur la terre classique de la jupe rouge, du corsage à mille paillettes, etc. Les voyageurs de Paris, en passant par là, de leurs wagons jettent les yeux sur Hochfelden, et s'écrient au miracle de voir de véritables paysans. Hochfelden mérite à tous égards; l'élégante et spirituelle plume de M. Victor Elbel a fait un piquant compte-rendu d'un concert de cette philharmonique localité. Mais revenons à notre sujet.

A gauche sont rangées les grosses bonnes filles; elles sont là une douzaine au moins. Elles attendent un patron, une patronne, qui les prennent à leur service. Les paysans, gros fermiers, passent et repassent devant ces beautés champêtres qui font grève. A droite, un autre groupe se détache, qui attire les regards de quelques verts galants. Tout près une fontaine. Sur le devant, un jeune garçon qui conduit une oie. Au fond, les rues du village. C'est très-original et interprété avec sentiment et bonheur. Cette scène, bien que simple et nullement extraordinaire, a trouvé sous le pinceau de M. Marchal beaucoup de vivacité, d'esprit et de fraîcheur. L'Alsace est comprise à ravir dans cette toile. Les types sont observés et reproduits. Tout s'agite et se meut. Pour un amateur de tableaux de genre, cela serait une occasion de compléter son musée. Nous engageons les municipalités des environs, qui toutes sont très-riches, d'en faire l'acquisition et de ne point laisser sortir cette toile de l'Alsace. Avis aux amateurs.

MEISTER.

1329. *Bouquet de fleurs des champs.* — Le bouquet de fleurs des champs est charmant. M. Meister, vraiment, a peint là une délicieuse toile. On ne peut pas se lasser de la contempler, tellement elle est simple et naïve et rappelle la province absente. C'est un intérieur de campagne. Une fenêtre d'une espèce de grenier. Là, point de luxe, point de tapisserie, point de papier. Ce sont des poutres de soupentes. Le bouquet est sur une table ; il a été cueilli par une Marguerite de l'Alsace ; coquelicots bleus, gerbes d'épis de blé, roses, brillent avec éclat. A côté se trouve une boîte à fil et coton. A la muraille sont appendus un Christ, et tout près le Messager boiteux strasbourgeois, le fameux Kalender des bonnes ménagères, où elles pointent leurs jours fastes et néfastes. Bref, c'est très-joli et mérite l'attention de l'analyse.

1330. *Fruits.* — Sur une table on voit une belle provision de raisins, pêches, prunes, le tout fort appétissant. Il nous faudrait le double de temps et d'espace pour décrire tous les détails. Mais nous préférons le bouquet de fleurs des champs ; il y a dans cette création une idée, une pensée pratique qui réjouit l'âme. Cette scène, bien que muette, s'anime par la diversité des petits objets placés et peints avec goût. M. Meister mérite beaucoup d'éloges, et si cet artiste continue dans ce genre, nous croyons pouvoir lui prédire qu'il ira loin.

ORSCHWILLER (Hippolyte d').

Singes cuisiniers. — Nous avons pris notre temps pour voir cette toile, qui représente un intérieur fort amusant. Le public s'arrête devant ce tableau et se met à rire. Pourquoi ? Ce sont des singes, une bande, sept ou huit, qui font la cuisine. Je vous prie de croire qu'ils font bon ménage. Ils ne s'ennuient pas et ne dorment surtout pas. Ces gaillards-là n'engendrent pas la mélancolie. Ils sont malicieux et surtout amusants. Que de têtes expressives et grivoises. Que de museaux fins et curieux. Et ces yeux qu'ils vous lancent. Oh les farceurs ! Quelle satanée cuisine ils font là. La toile représente un grand office ; sur le seuil arrive un singe avec les provisions ; il tient en laisse un chat, un gros matou. Il porte une gaule sur son épaule, la récolte du chat, des rats de toute taille. A gauche on aperçoit le fourneau. Un singe, un bâton dans la main, tourne un ragout dans une marmite. Un autre prépare des escargots. Les uns sont dans la casserolle et vont être échaudés, les autres flanent sur les dalles. Au fond, un aide-cuisinier quadrumane épluche des légumes. Il y va bon train. A l'angle d'une armoire est assis un gourmand de singe qui mange un ananas. Il jette les graines vides à une pie qui vole après. A droite, un bloc pour casser du bois ou faire l'étal de la viande. Ces singes-là ne sont pas difficiles. Ils sont distraits et se contentent de tout. Cette toile est magistralement traitée. L'artiste n'a rien omis dans la cuisine. Chaque marmiton est à son poste, depuis le Vatel du lieu jusqu'au récureur d'écuelles. La couleur est vive et hardie et à la hauteur de la circonstance. Certes ce ne sont pas des singes léchés et faits au pinceau fin et à la loupe, c'est une peinture active et rapide. Tout a été consacré à l'action, au mouvement et à l'esprit.

La toile est bien exposée, cependant un peu trop basse. Quelques centimètres d'élévation de plus la mettraient plus en regard et éviteraient la peine de la chercher avec le livret.

TOUCHEMOLIN (Alfred).

1864. *Episode de la bataille de Magenta.* — Le 65ᵉ de ligne (colonel Drouhot) et une section de la 12ᵉ batterie du 7ᵉ d'artillerie (lieutenant Serraz) à l'attaque de Magenta, du côté de la gare (division du général de la Motte-Rouge).

Enfin, M. Touchemolin a compris sa véritable mission, il s'est donné entièrement au genre militaire. Il nous arrive tout armé à l'Exposition. La guerre, les fantassins, les artil-leurs, tout le brouhaha guerrier, la poudre, le canon, la fumée, tout cela il le groupe et l'arrange à merveille. Les fastes de notre histoire sont la peinture qui va à sa taille, Courage donc, et que rien n'empêche plus cet artiste de suivre son goût et ses inspirations. L'année dernière, nous avons vu de M. Touchemolin une batterie de balistes faire le siége d'un château fort du moyen-âge. Aujourd'hui il descend dans l'arène de l'actuel et se met en parallèle avec nos grands peintres d'histoire. Il a écrit une page de la campagne d'Italie avec son pinceau. Esquissons maintenant les principaux personnages de sa toile.

Sur le premier plan se trouve la voie ferrée, les troupes françaises viennent d'arriver, la colonne se déploie et prend sa position. Le lieu ne peut pas être mieux choisi. C'est la station de Magenta. La voie ferrée est encombrée de troupes. Les fourgons d'artillerie et les pièces sont en train de fonctionner. Les soldats du 65e de ligne arrivent et brûlent du désir de vaincre ou de mourir. Ils protègent la 12e batterie du 7e d'artillerie. Le colonel Droubot est blessé mortellement et est étendu sur la voie. Le général de la Motte-Rouge est à cheval et au milieu de ses soldats, il a donné l'ordre de l'attaque. Il est calme, bien que les balles sifflent de tout côté, et surveille le mouvement de sa colonne. Les tambours se pressent, ils rattachent les courroies de leurs caisses et battent la générale. Aussi la baïonnette va-t-elle jouer son rôle, et malheur aux Croates et à l'ennemi, il va payer la mort du colonel. La journée sera chaude et l'instant décisif. Les tuniques blanches de l'infanterie autrichienne se voient de tout côté ; l'ennemi est nombreux et bien retranché. A droite, par la voie des piétons, se détachent les tirailleurs qui font feu. A gauche, d'autres tirailleurs qui protégent la pièce près de laquelle se trouve le lieutenant Serraz. Cet intrépide officier, aujourd'hui capitaine, a affronté la fusillade, il regarde par-dessus la pièce que le pointeur dirige. La gare de Magenta, une méchante bicoque en bois, qui ressemble aux petites gares de nos chemins de fer, sert d'épaulement et de fort. Elle fonctionne et lance ses boulets contre une espèce de redoute autrichienne. C'est une maison à deux étages avec un mur d'enceinte. Dans l'embrasure des portes de la gare, qui donne sur la voie, manœuvre une autre pièce. A l'entour, on aperçoit des artilleurs; au milieu de la salle d'attente sont les servants; la flamme de la poudre les éclaire. Aux fenêtres du premier sont les fantassins qui tirent sur les Autrichiens. Partout de la fumée, on dirait que la gare est en feu. La redoute autrichienne riposte. Les fenêtres à volets protégent les assiégés, leurs corps sont assurés. Des cadavres, des blessés d'Autrichiens et de Français gisent sur le sol.

M. Touchemolin a bien retracé cet épisode. Il y a du désordre, pas plus qu'il n'en faut. Ce n'est point un drame militaire, comme nous en avons vu chez d'autres artistes, qui font manœuvrer des compagnies sur un terrain large, grand comme un châle. Quant au paysage, à droite on voit la rue de Magenta et plus loin le clocher. A gauche les remblais du chemin de fer, la prairie et des bouquets d'arbrisseaux. Le sujet de la toile est bien représenté, et le 65e de ligne et la 12e batterie du 7e d'artillerie doivent vraiment rendre hommage au crayon de l'artiste qui a su, avec tant de talent, peindre l'éclatante bravoure de ses soldats.

ULMANN (Benjamin).

1881. *Une défaite.* — Il faut l'avouer, le classique en peinture trouve de zélés amateurs. Les gens sérieux, qui étaient peut-être dans leur jeune temps de hardis novateurs, des fantaisistes à tout crin, reviennent de leurs erreurs et s'extasient devant le correct d'une ligne et la suavité d'un contour. Nous avons entendu causer entre eux ces admirateurs passionnés de la ligne et de la forme, et nous avons souri en les écoutant; ils traitaient les peintres de genre de faiseurs de tours et cherchant, soit par une pose trop leste, à réveiller les instincts sensuels d'une certaine foule. Cela plaît à beaucoup, le mauvais goût et la sensualité triompheraient, disaient-ils, si nous n'étions pas là. Malheur aux Vénus trop troussées, aux poses trop risquées, nous les châtions de notre blâme.

On voit bien que M. Ulmann est un prix de Rome, il suit pas à pas les leçons de ses maîtres. L'antique semble lui aller et être dans ses goûts. Pourquoi les anciens excellaient-ils dans l'expression des formes? Pourquoi les modernes ont-ils tant de peine à arriver à les imiter? C'est que journellement ils avaient sous leurs yeux de parfaits modèles dans ces personnes d'affranchis, d'esclaves et de citoyens. Le climat de la Grèce, sa religion, ses coutumes, la manière de se vêtir, de se draper légèrement, contribuaient grandement au développement des arts. Un artiste, tout en se récréant, faisait une étude dans le cirque, au théâtre, à l'opéra, partout où la foule se portait. Puis, les ateliers recevaient l'air et la lumière à profusion. Elle n'était tamisée par aucun obstacle. Qu'arrive-t-il aujourd'hui? L'artiste est partout trop à l'étroit, et il faut qu'il ait du courage pour faire des arts après avoir passé par le joug de ces nécessités premières de la vie et conserver toute sa vigueur et le sentiment. Il est obligé de chercher les inspirations dans les musées, ou bien, s'il aime le nu, s'aventurer dans les arènes où les Léotard font preuve de biceps et d'adresse. Eh bien! malgré cela, malgré les difficultés, les modernes l'emportent presque sur les anciens. Tout le monde, grâce à la vulgarisation des gravures, comprend et sent. Le niveau des intelligences se porte vers le beau et le raisonne.

La défaite de M. Ulmann est bien interprétée. La lutte a été sanglante; on s'est battu dans les rues d'Athènes ou de Lacédémone. C'est la défaite héroïque, le combat de vie et de mort entre l'esclavage et la liberté. Est-ce la Macédoine qui descend sur l'Attique? Alexandre qui envahit au nom de la gloire les provinces de la Grèce? Enfin, le vaincu a été frappé à la tête, sa blessure est moins profonde que ne l'est l'abattement moral de l'individu. La défaite est bien là, affaissée sur elle-même, regrettant la chose perdue, et voyant l'avenir sans issue. La peine morale, la souffrance se trouvent dans cette tête de jeune homme, d'adolescent sorti du gymnase et de l'académie.

Le vaincu est assis, sa main gauche se cramponne aux

assises d'une colonne. Il souffre; son bras droit est pendant, un glaive brisé et ensanglanté est à ses pieds. Le voilà donc désarmé et aux mains des vainqueurs. Au fond, la mêlée des cadavres estompant le sol. Le corps du jeune homme a une belle couleur forte et solide. Plutôt des tons chauds et brûlants que des teintes blanches et rosées. Les figures ont de l'harmonie et la teinte est bonne et étudiée.

H. VETTER ✳

Bien que M. VETTER soit un artiste parisien, nous parlerons de lui, puisqu'il a beaucoup d'amis en Alsace et que sa famille, originaire de Strasbourg, a laissé de bons souvenirs parmi ses concitoyens. Nous nous faisons donc un devoir de faire converger le plus d'intelligence vers cette charmante cité d'Argentora du Rhin, qui est un véritable foyer artistique, littéraire et scientifique.

1916. *Molière et Louis XIV.* Louis XIV, ayant appris que les officiers de sa maison dédaignaient Molière et refusaient de dîner avec lui chez le contrôleur de la bouche, le fit asseoir un matin à sa table et, lui servant une aile de son en-cas-de-nuit, dit aux courtisans qu'il avait fait introduire : «Vous me voyez, Messieurs, en train de faire manger Molière, que les gens de ma maison ne trouvent pas d'assez bonne compagnie pour eux.»

Nous arrivons devant une toile qui mérite une grande attention. Sans contestation aucune, le spectateur, surtout de choix et d'élite, une fois devant cette peinture, se laisse, sans s'en douter, séduire par le talent de composition et le fini de l'exécution. C'est de la peinture hollandaise, sous beaucoup de rapports, par le brillant des couleurs et les études approfondies des objets. Mais elle est éminemment française par la grâce, la souplesse et la distinction. On considère le tour élégant avec lequel les personnages sont groupés, la pose de chacun d'eux; on regarde la manière dont la couleur est étendue sur la toile. On sourit aux mille riens, aux détails sans nombre et sans fin qui forment un tout dans l'encadrement. On lit par l'attitude et la physionomie le caractère des individus et la scène de la pièce dont on représente un incident.

M. Vetter a un génie de peintre à lui, il étudie pendant longtemps un sujet, il le distille, il semble le tenir suspendu dans le domaine de l'imagination et retenu par d'invisibles fils. Soudain il forme une synthèse de cette analyse longue et pénible, il produit quelque chose de remarquable. Toutes les choses, belles et simples en apparence, ont coûté des efforts inouis à l'artiste. Le public ne s'en doute pas; il est vrai qu'il est sensé ignorer les tortures de l'esprit et la douleur de la création.

Rien ne lui échappe, il consulte les historiens, il fouille les manuscrits des bibliothèques, il s'identifie si bien avec les caractères qu'il veut rendre, qu'on dirait qu'il a vécu au milieu d'eux. Salons, lambris, boudoirs, gentilshommes, marquises, tout l'arsenal des sourires, de toilette, de salut, de la mise de gant, tout l'éclat et la pompe du grand siècle lui paraissent familiers. On croirait que le pinceau de cet artiste a des rêveries humoristiques, et comme la Belle au Bois dormant, il se réveille et peint les sujets dont il se souvient, et les types d'un autre âge et d'un siècle passé.

L'année dernière déjà, Molière et Louis XIV ont été traités par deux artistes connus, mais ils n'ont pas complétement réussi dans leur composition : chez l'un il y avait trop d'éclat, chez l'autre trop de sans-gêne royal. C'est que c'est une rude tâche que d'aborder un pareil terrain. Il n'y a que les grands historiens qui puissent en parler, tel que Voltaire et Michelet. Il n'y a que les peintres hors ligne qui puissent franchir les perrons d'une cour aussi brillante que celle du fils de Louis XIII. Le grand roi, alors, était jeune; il absorbait la France entière, c'était le premier prince qui eût osé dire en face du Parlement : l'Etat, c'est moi. Il était donc enivré de gloire et d'honneur; il était généreux, noble et magistralement grand; nous n'avons pas à nous préoccuper de ce qu'il devint plus tard. Il faut lui savoir gré d'avoir eu l'esprit et le suprême bon sens de distinguer le talent et le génie et d'en faire un rayon pour son soleil naissant. En prenant Molière, en l'élevant jusqu'à lui, il ne pouvait pas mieux faire, et humiliait l'ignorance et l'orgueil. Louis XIV, selon les portraits du temps, était un beau jeune homme, il avait le nez bourbonien de son grand-père Henri et le sang riche en couleur et de fraîcheur de sa mère Anne d'Autriche. Il aimait surtout le cérémonial, et tout était réglé dans ses repas, ses sorties et ses couchers. Il avait toujours un grand nombre de courtisans et de gentilshommes de sa maison qui l'escortaient. Le jour, c'étaient ses gardes et les gens de maison qui l'entouraient, et il était bien difficile d'avoir accès auprès de lui. La nuit, des serviteurs et des gentilshommes montaient la garde. Les courtisans qui étaient près de lui étaient les plus beaux noms de France, des jeunes gens sortis des troubles de la guerre civile et ne pensant qu'aux plaisirs, au luxe et aux grades dans l'armée, ou au gouvernement d'une province.

Quelques gentilshommes du feu roi l'entouraient aussi; ils lui donnaient des conseils, tout en s'efforçant de contenir cette ardeur du pouvoir.

Et Molière, comment le placerait-on dans cette atmosphère, lui qui avait stigmatisé tous les ridicules et les folles prétentions des seigneurs de l'époque, lui qui avait devant lui ses terribles ennemis, qui ne pouvaient oublier la blessure qu'il avait faite à leur amour-propre. Serait-il arrogant et fier, puisque le roi le protégeait? Foudroiera-t-il d'un regard cette légion de parasites et de flatteurs? Ou bien aura-t-il l'air gêné, mesquin, d'un petit poète accouru du fond de la province, ébloui par l'éclat et la pompe? Non, Molière doit être au-dessus de ces vanités de la cour, lui qui a fait jouer tous les ressorts de l'esprit, lui qui, sur le clavier humain, a rendu toutes les expressions et les faiblesses du cœur. Molière sera convenable, comme s'il était né sur les marches du trône. Qu'importe, tel naît dans une condition obscure et qui possède la distinction native; tel autre voit le jour dans un palais, qui est à peine supportable dans un cabaret. Ce sont là les inégalités du talent et de la naissance. Molière, comme l'artiste le représente, est assis à table; il est vêtu d'un pourpoint noir. Il regarde le spectateur ; il est pensif et semble songer à l'avenir. «Je ne vis point pour vous, dit-il, je passerai à la postérité, tandis que vous êtes des scarabées dorés; à peine morts, personne ne pensera plus à vous, autant en aura emporté le vent.« La pose de Molière est très-simple et il ressort bien sur le fond. Louis XIV est dans son costume habituel. On sait qu'à sa cour tout était étiquette. Assis sur un fauteuil fleurdelisé, ayant un pourpoint écourté, maïs et cerise, avec doublure d'or et d'argent, rehaussé de guipure et de rubans couleur de feu, portant un chapeau orné de plumes cerises, feu et bleu, couleurs favorites du prince, il désigne du geste Molière aux courtisans, qui sont sur le premier plan. Son siége est un peu plus élevé. Sous ses pieds se trouve un coussin et un large tapis fleurdelisé. Derrière lui se tiennent les gens de sa maison, le capitaine des gardes en premier lieu, puis Turenne et Condé. Derrière la balustrade, l'aumônier qui disait ses grâces avant et après le repas, et le médecin, pour surveiller la santé du roi.

Les courtisans sont très-nombreux. Chacun a une autre pose et un autre costume. Les pourpoints sont variés. Les souliers, découpés à hauts talons rouges et à flots de rubans, se croissent et s'entrecroissent sur le parquet. Les gentilhommes s'inclinent devant le geste du maître et ont bonne mine et superbe tournure. Au fond est la cheminée en marbre rosé veiné. Sur la console le buste de Henri, et pour remplacer la glace, un portrait en pied de Louis XIII. A droite et à gauche, deux portes à battants. Le salon est grand et spacieux, avec ornement à fuseaux blancs, relevés de filets d'or. La perspective est bien ménagée et les mouvements sont nullement gênés dans la foule des courtisans; l'air et la vie y circulent. Bref, la toile est digne d'être admirée et analysée.

VIGNON (Henri de).

1931. *Cérès.* — Cet artiste est en pleine mythologie. Sa *Cérès* est une grande toile qui conviendrait à l'intérieur d'un palais de l'Industrie. Les couleurs sont riches et fortes.

Cérès, la mère nourricière du genre humain, celle qui porte les épis de blé, qui cultive, moissonne, est bien la femme que M. Vignon a voulu représenter. Elle est debout. Une tunique rouge enveloppe ses flancs. Dans son bras gauche elle porte la corne d'abondance, remplie de fruits de toutes sortes. C'est donc cette déesse qui, partout où elle se présente, verse sur les champs et la campagne la fécondité et la moisson. Elle est magistralement souveraine et commande aux mortels. Derrière elle on voit son trône, qui est une chaire sur laquelle est jetée négligemment une écharpe bleue. A droite, à gauche, des épis de blé. Sur sa tête est une couronne de bluets, de coquelicots et d'épis. Tout, dans cette toile, respire la richesse et l'abondance. Le sujet est bien traité.

1952. *Vénus*. — Voilà donc la déesse des amours, celle qui est chantée dans tous les pays et par tous les poètes. M. Vignon la fait sortir du sein de l'onde; elle est nue et vogue sur sa conque, qui est très-légère et qui cependant supporte le poids d'une armure. Cette Vénus, à peine sortie du sein des flots, a déjà conquis l'univers; à ses pieds se trouvent le bouclier et l'épée de Mars, le Dieu cruel de la guerre. Dans sa main gauche elle porte l'arc, le trait et la pomme fatale, sujet de tant de discordes et qui lui a valu son triomphe et sa souveraineté. Sur sa droite viennent et folâtrent deux colombes, l'emblème des amours. Cette toile est petite, mais très-coquette et plaît généralement. La couleur y a été mise avec beaucoup de soin et de souplesse. Cette petite toile a un certain cachet antique qui captive.

WEILER (Mlle LINA DE).

1970. 1971. — Ce nom ne nous est pas inconnu. A Strasbourg, il y a plusieurs années, nous avons vu de cette artiste plusieurs toiles remarquables dont nous constations, dans un compte-rendu, l'élégance et la distinction de l'exécution. Les deux sujets que Mlle Weiler expose aujourd'hui appartiennent au Rhin.

1970. *Le passage du gué*, souvenir de la Forêt-Noire. —

Qui ne connait pas la Forêt-Noire, en Alsace? Tout le monde. Les dimanches et les jours de fête, les Alsaciens franchissent le Rhin et visitent de fond en comble ce joli petit pays de Bade. Une promenade dans la Forêt-Noire est une partie de plaisir. C'est que là vous êtes en pleine campagne, vous voyez des paysans avec leurs habits traditionnels et vous respirez l'air des montagnes.

Le sujet de la toile représente deux petites filles qui veulent faire passer le gué à une chèvre. Mais cette dernière est capricieuse et ne veut point suivre ses petites maîtresses. Elles y mettent toutes leurs forces et leur intelligence. Ce sont de gracieuses enfants qui sont habillées très-modestement : jambes nues, jupons courts et légers fichus. Le paysage est bien ce vert vivace du Rhin. Il tranche sur la toile et donne l'harmonie.

1971. *La conversation difficile.* — Toujours sur les bords du Rhin où la scène se passe. Ce sont des touristes : un Parisien et une Parisienne. La Parisienne a soif et veut se rafraîchir. Elle rencontre une ferme, y entre et demande du lait. C'est ici que le comique commence. Les petites Allemandes ne comprennent pas; elles sourient; elles offrent cependant, puisqu'on s'est fait comprendre par signes, le lait et les fruits. L'intérieur est charmant et simple. La Parisienne est à son aise et veut entamer la conversation. C'est très-original et se comprend facilement.

ZIPÉLIUS (Emile).

1991. *Marie, Mère des douleurs.* — Les sujets religieux sont bien traités cette année. Ils sont très-variés et offrent de l'intérêt. Ce ne sont pas ces froides et inaltérables figures qu'on rencontrait sur une toile et qui n'étaient que la copie un peu variée de chefs-d'œuvre de nos maîtres. L'école italienne a fait son temps et notre époque se livre un peu à la fantaisie religieuse. Le Paradis de Mahomet et le suprême bonheur des croyants est là cette année, mais il n'a pas les turcos et les spahis pour l'admirer. Si ces troupes étaient restées à Paris, journellement nous aurions vu ces fanatiques s'agenouiller devant cette toile. L'effet de l'artiste est donc manqué. Les Vierges, la Mère de Dieu, les Christs montrent que les églises achètent des toiles, et les peintres qui ont ce goût en trouvent le placement.

M. Zipélius a fait une grande toile.

Le Christ est mort et est étendu froid et inanimé sur le sol. On vient de le descendre de la croix. Marie, cette mère éplorée, qui vient de perdre son fils, est dans la douleur la plus grande. Aussi, la mort vient de lui enlever ce qu'elle avait de plus cher au monde, le fils le plus accompli, l'Homme-Dieu le plus aimé. Il est mort pour son cœur. Il est mort pour son âme, le cœur s'est déchiré et les plaies saignent. Que faire dans ce deuil? A quelle fin recourir? Où trouvera-t-elle ce cher fils qui lui a coûté tant de larmes, qui s'est dévoué pour le genre humain? M. Zipélius lui donne une pose grandiose. Si tout est perdu sur la terre pour elle, si le soleil a fini de reluire dans son cœur, elle a pour elle un vaste horizon où tout doit lui sourire. Elle a levé vers le ciel ses regards pleins de larmes. Elle a tendu ses bras vers Dieu. Elle a laissé échapper de sa poitrine ce cri terrible d'une mère qui a perdu ses affections. Eh bien! en retour de son sacrifice, en compensation de cette douleur, Dieu lui ouvre les portes d'ivoire de son Eden. Une myriade d'anges voltigent dans l'air, ils recueillent les larmes de cette mère éplorée et en feront des étoiles, ou bien de ces torrents de pleurs, ils les changeront en douce rosée qui descendra sur la terre et étanchera le cœur des vierges éplorées et des mères en proie à la douleur. La mère des douleurs relève la femme aux yeux du genre humain, elle lui donne le beaume des cœurs et le soutien des oppressés dans la vie. L'homme ne marchera plus seul comme dans le paganisme, l'homme s'appuiera sur le bras de la femme et deviendra meilleur. L'un et l'autre supporteront mieux le poids de l'adversité.

Que de poésie dans cette toile. Rien d'exagéré, rien d'hallucíné. Point de prières tirées au cordeau, point de situations douteuses ; nous croyons que l'artiste a compris son sujet et que, se laissant aller au doux mirage du cœur, il a vogué à pleine voile dans la véritable route que l'imagination se plaît à frayer. Laissons-les donc aller vers cette toile, les pauvres mères éplorées. Le Christ est étendu, ses pieds sont sanglants, la couronne d'épines est détachée de son front et une auréole de gloire et de divinité rayonne autour de sa tête. En voyant cette peinture, l'âme ulcérée, le cœur plein de douleur se raniment et trouvent l'espérance dans la foi. Heureux le peintre qui sait faire venir à lui les pauvres de cœur et ceux qui souffrent. M. Zipélius a compris sa mission, celle d'émouvoir.

Nous avons laissé pour la fin de l'abécédaire ceux des artistes qui n'étaient pas classés selon notre itinéraire. Il eût fallu sans cela rebrousser chemin, et dans ces salons, où tant de monde se presse, il est nécessaire de procéder par ordre.

Comme M. Laville a des dessins et une toile, nous l'avons ajourné pour le prendre à la fin. M. Pradelles loge dans le salon de droite ; nous l'avons vu non sans peine, sa lettre étant partagée par le salon carré. Reprenons le fil de notre narration.

PRADELLES.

1583. *Lever de la lune au crépuscule.* — Les paysages sont très-nombreux, on peut à peu de frais se payer les jouissances de la nature : prés, bords de la mer, vallées, fleurs, canaux avec écluses, déserts, landes, effets de jour et de nuit, sont là pour attirer et charmer les amateurs.

Les rêveurs, ceux que charment la solitude et le silence, ceux qui aiment les bois et les forêts, n'ont qu'à s'arrêter devant la toile de M. Pradelles pour se donner ce plaisir paisible. Un beau clair de lune, un crépuscule bien ménagé ne sont pas choses ordinaires et faciles.

La lune est la pierre angulaire du peintre ; le flambeau de la nuit est le désespoir de certaines palettes. La représenter est un véritable tour de force. On dirait que cette déesse, chère aux poètes, que les anciens chantaient sous les noms de Diane, Phœbé et de triple Hécate, est funeste et mille fois trompeuse aux peintres. Que d'artistes, moins heureux qu'Endymion, aimant la pâleur de la lune, ne parviennent pas à comprendre ses rayons, encore moins à la rendre sur la toile, et vous montrent-ils des pains à cacheter sur une surface grisâtre ou argentée. C'est pour eux une amère dérision. Il y a au salon une légion de ces artistes paysagistes qui visent aux effets : M. Saal, entre autres, s'est distingué dans ce genre.

La toile de M. Pradelles est de moyenne grandeur. La nuit commence à venir. A l'entrée d'un bois, qu'éclairent les dernières lueurs du jour, se présentent à droite et à gauche des arbres. Dans le sentier, un chasseur debout se prépare à retourner dans son logis, il arrange sa gibecière. Son chien est près de lui. C'est un retardataire qui a fait bonne journée. Au fond, c'est là où l'effet se produit ; la lune se lève au milieu d'arbres de haute futaie, dans le genre de ceux du Contades ou du fameux jardin Lips. Vraiment, à Strasbourg la nature est bien belle et les paysages sont parfois ravissants. Du côté d'Enghien, il y a aussi un certain rapprochement avec le fond de la toile de M. Pradelles.

Les arbres sont disséminés tout en étant touffus, les branches s'élancent bien, les feuilles ne se heurtent pas et ne se confondent pas trop, surtout dans un crépuscule où le jour fuit et fait place à la nuit. C'est à la lune de donner ses teintes argentées, c'est elle qui fait projeter les arbres ; le peintre aussi l'a bien compris.

LAVILLE (Eugène).

1153. *Jeune fille.* — La toile est bien exposée. Elle représente une jeune fille de quatorze à quinze ans. Elle était aux champs et a cueilli des fleurs ; elle s'est tressée une couronne de clochettes, de belles de jour et de belles de nuit. Naïve et gentille, la rêverie n'a pas encore passé sur ce beau front. Ce qu'elle doit aimer, ce sont les roses, les bleuets, les coquelicots, les bois et les prés. M. Laville a mis beaucoup de poésie dans cette tête; la pose en est gracieuse et naturelle. Dans ses bras elle porte une ramée, une brassée de roses et d'aubépines. Elle en a fait une riche moisson aux bords des haies et dans les jardins environnants. Elle effeuillettera un jour ce bouquet sur le chemin de la vie. C'est la récolte du sentiment et de parfums pour les jours sombres et tristes. Elle marche dans un sentier, à droite un bouquet d'arbres. Au fond l'horizon bleu et la campagne.

Nous retrouvons M. Laville aux dessins.

DESSINS.

Après avoir parcouru les différents salons de peinture, nous arrivons dans les grands salons de dessins. Là se trouvent les grisailles, les fusains, les aquarelles, et tout ce que peut produire le crayon, l'estampe et le pinceau à l'eau. L'aspect, en général, est froid et ne plaît pas à l'œil. Nous ignorons si ce sont les cadres à fuseaux ou la disposition et la symétrie des dessins qui donnent à ces salons une certaine tristesse et une monotonie uniforme. Il est vrai que c'est la dernière étape qu'on fait dans les salons, que les yeux sont fatigués après avoir monté et descendu l'abécédaire artistique.

Il y a deux salons de dessins et deux galeries réservées aux plâtres, aux lithographies et aux travaux, plans et devis des architectes.

HELLER.

2230. *Portrait de M. L. P.* — On fait bien d'encourager les études au crayon. De simples dessins à la ligne, s'ils représentent des sujets, des portraits, on les a admis. Ainsi un artiste qui commence, un artiste qui n'a pas eu le temps de faire un tableau, peut toujours se montrer au public et par là se recommander à lui. Le public n'oublie ni les noms, ni les choses. Il parcourt, il est vrai, parfois à la légère les salons ; il jette les yeux sur cette toile, fait à peine attention à ce dessin, ouvre négligemment son livret, lit par désœuvrement tel numéro, tel nom, examine et s'en va. Mais sans s'en douter, il digère tout ce qu'il a vu : rencontre-t-il un ami, parle-t-on d'un nom, il a recours à sa mémoire, qui lui retrace ce qu'il a vu. On discute, on s'anime, l'horizon devient plus vaste et la lumière se fait. M. Heller n'a exposé qu'un simple portrait au crayon. Il est fait de chic. C'est un monsieur assis sur une chaise. La position est très-naturelle et le dessin assez hardi. Il ne faut pas parler d'ombre ni de hachures, il y en a très-peu ou celles qui sont là ne marquent que les traits principaux.

Si M. Heller aborde les portraits au crayon, il faut l'encourager dans cette voie. Mais le tout n'est pas de faire du chic, de tracer quelques lignes heureuses ; il est nécessaire d'achever. Combien d'artistes font-ils de choses remarquables avec quelques traits, mais là s'arrête leur talent ; demandez-leur de finir, d'achever, de modeler : adieu l'éclair, adieu la courbe. Tout devient raide et guindé. C'est que ce n'est pas facile de toujours bien faire et surtout d'achever.

HUMBERT (Jules).

2246. *Frise décorative.* — Nous avons à faire à un habitué de l'Exposition ; il y vient toujours avec ses petits lutins, ses amours qu'il arrange, qu'il groupe à merveille. Sa couleur est toujours pâle et ses sujets nagent dans le vague, la vapeur et les brouillards. Pour ceux qui comprennent le genre décoratif, M. Humbert est un vaillant travailleur. Cet artiste s'entend à ravir à dessiner, à crayonner des dessus de portes, style Louis XV, à tracer des panneaux, à historier les plafonds. Il saura animer ces froides murailles et peupler les lambris de sujets les plus variés. La demi-teinte lui convient ; il reste dans le domaine du fusain, et ses figures nymbées, ses petits enfants joufflus voltigent soit dans les nues, soit dans les bouquets de fleurs.

La frise décorative de M. Humbert est très-gracieuse. C'est une scène de dénicheurs. Une bande de beaux enfants, de petits amours gros et roses, qui se met en campagne pour prendre des oiseaux. Cet âge est sans pitié. Malheur donc aux petites victimes. Ils sont deux, trois, quatre sur leur nid. Ces coureurs de bois, ces dévaliseurs d'arbres, se réjouissent de saisir les passereaux. Que leur font les cris des père et mère qui voltigent sur les branches. Ils veulent satisfaire leur caprice, emprisonner dans une cage d'osier ces petits êtres. Ils veulent devenir leurs tyrans. Ils ont de beaux principes de liberté. L'un voudra apprivoiser ce pierrot, tel le contempler dans sa cage et lui apprendre un air de *pied qui remue*. L'artiste nous les montre au nombre d'une dizaine. A gauche, la broussaille et le nid ; à droite, la bande avec drapeaux, roseaux et cages. Ils sont gais : ils se tiennent par le pan de leur écharpe. Les plus hardis ont franchi la haie. L'un apprête sa cage pour y loger les captifs. C'est arrangé avec grâce et la frise décorative est très-originale.

HUGUELIN (Victor-Frantz).

2809. *Restauration du château de Malon (Eure).* Quatre dessins. — Quand nous voyons le nom de M. Huguelin, l'architecte, nous pensons au frère de ce dernier, qui est aussi un artiste très-distingué. Nous voudrions voir de ses œuvres et nous ne savons pas pourquoi, quand on a tant de talent, on se tient à l'écart. M. Joseph Huguelin fait des choses admirables en terre cuite. On serait heureux d'en voir à l'exposition, et certes beaucoup d'amateurs se grouperaient autour du morceau ou de la pièce. Il ne suffit pas d'être le premier à Strasbourg, il faut aussi un peu se dévouer pour les autres et songer qu'on travaille pour tout le monde. L'ouvrier, le commerçant, en voyant les émaux, les créations de M. Huguelin, pourrait comparer, copier et créer plus tard. C'est un genre qui n'est pas assez cultivé à Paris ; certes, il y en a beaucoup qui font bien, mais peu suffisamment.

Dans tout ce que fait M. Huguelin (Victor), (nous parlons de l'architecte, il y a un certain goût qui lui donne la supériorité sur ses confrères. Il se fait un plaisir de montrer au public ses travaux et ses plans. Pour lui, l'architecture n'a pas encore dit son dernier mot; il cherche, il tâtonne et modifie mille lignes, mille courbes trop disgracieuses. Mais, hélas! l'architecture est entourée de difficultés incalculables. Il ne suffit pas de dire, je veux bâtir une maison comme ceci, comme cela. Sur le papier, votre plan est parfait, mais bâtissez et voyez ce que vous représenterez. Il y a complète désillusion. Telle colonnade sera étriquée, telle autre grosse et informe. Il faut qu'on ait le coup d'œil juste et qu'on construise avec l'aide de la mémoire et avec les modifications voulues, sans quoi, gare à l'informe et au laid. Les lignes ont leur harmonie, leur gamme, les courbes leur parabole. Maintenant ajoutez à ces difficultés les exigences des propriétaires, et vous saurez pourquoi il y a tant d'édifices mal construits.

Les quatre dessins de M. Huguelin nous montrent bien ce qu'il peut faire et ce dont il est capable.

JUNG (Théodore) ✳.

2261. *Vue du Mont-Blanc*, prise des hauteurs de Salanchas. — 2262. *Vue de Grenoble*, prise des hauteurs de Seyssinet (appartiennent à l'Etat, dépôt de la guerre). — Les aquarelles de M. Jung ont une place trop élevée pour les voir. On a eu tort de leur donner cet endroit. Elles montent les premiers rangs. Il est vrai que cet artiste a eu ses médailles et qu'il est décoré. Aussi le mot d'exempt est en vedette sur son cadre. Il a épuisé la liste des récompenses. Mais si c'est gracieuseté qu'il s'est fait jucher si haut, il ne contente pas l'œil du spectateur. Il nous a fallu la lorgnette pour considérer les sujets. Nous venons d'apprendre que le public a demandé de les voir sur le premier plan et qu'elles sont accessibles à tout le monde maintenant.

Ces aquarelles ont l'avantage sur la photographie, c'est

qu'elles donnent les teintes réelles du ciel et égaient le paysage. Rien chez M. Jung n'est forcé; il délaie dans son godet les tons voulus. Il ne cherche pas l'effet, mais la nature. Nous engageons M. Piton, de Strasbourg, qui cultive aussi le genre, d'envoyer ses sujets à l'exposition prochaine. Il sera là en bonne compagnie, et les vues de l'Alsace, que nous avons admirées dans ses cartons, seront bien placées dans les salons du Palais-de-Cristal.

2261. *Vue du Mont-Blanc.* — Le voilà donc ce Mont-Blanc avec ses glaçons et ses neiges; il s'élance dans les nues. Sur le premier plan à gauche se trouvent des champs, des vallées, une maisonnette; à droite un peintre avec sa valise et son parasol. Au fond, les Alpes et leurs neiges éternelles.

2262. *Vue de Grenoble,* — C'est un véritable panorama. Pour celui qui connait la localité, il doit pouvoir suivre à vol d'oiseau les routes, les allées. C'est fait avec soin, et, sans nul doute, c'est un paysage qui charme les spectateurs.

KŒCHLIN-SCHWARTZ (ALFRED).

2264. — Cet artiste doit nous arriver d'Egypte. Il a imité en cela deux ou trois Alsaciens qui, débouclant leur havresac, déroulent un velin et nous offrent le fruit de leurs voyages et de leurs études. Tant mieux, il est préférable d'avoir sous les yeux des dessins originaux que d'éternelles copies. Du moins rapportent-ils du neuf et rafraîchissent-ils la mémoire de l'amateur et du curieux. L'Egypte est la terre classique des peintres. Celui dont la bourse est assez ronde fait bien d'y aller pendant quelques mois. Il voit de près les merveilles de la nature et les ruines d'une grande nation. Grâce à l'initiative de M. Lesseps, le Nil et le Caire deviendront plus familiers à notre nation.

En voyant le dessin, riche d'exécution et de fini, de M. Kœchlin, nous avons pu faire une comparaison avec un autre dessin de l'île de Phila, collectionné dans un album. Le dessin de notre artiste l'emporte sur l'autre, qui nous donne un plan général de l'île. Donc, M. Kœchlin a pris cette vue d'après nature et selon la position avantageuse du paysage et du profil de l'île. Il paraîtrait, d'après les descriptions, que c'est splendide de nature et de souvenirs. Le site est charmant et la vue à nulle autre pareille.

A gauche de l'île s'étend une nappe d'eau qui reflète le promontoire. Un jour éclatant éclaire l'horizon. Le ciel est ce ciel blanc de certaines heures de l'Egypte. Les bords sont accidentés et heurtés de rochers. A droite, le rivage de l'île sur lequel est construite une forte bâtisse, qui semble soutenir le remblais de l'île. Cette bâtisse sert de terrasse et même de fort. Un peu plus loin sur la hauteur s'élève un temple soutenu par des colonnes. La construction est élégante et dans le style grec. L'île est déserte; des ruines et des palmiers se détachent à droite.

C'est parfaitement bien exécuté. Les tons du crayon sont noyés avec art. On voit que c'est réel.

LAVILLE (Eugène).

2292. *Sainte Catherine.* — La figure de cette sainte est familière, ravissante; elle tient dans sa main droite la palme du martyre. Sa gauche se repose sur un glaive. Près d'elle se trouve une roue avec des piques, instruments de torture et de supplice. C'est une charmante composition et qui mérite beaucoup d'éloges.

2293. *Saint Jean.* — La figure de saint Jean est bien douce; sa pose est rêveuse. Songe-t-il au Messie? Dans le fond, à droite, on aperçoit la montagne sur laquelle mourra Jésus. La croix se dessine dans le lointain.

Ce sont deux dessins de moyenne grandeur. L'ombre est parfaitement distribuée, et on comprend de suite qu'on a à faire à un maître dans l'art.

T. F. LIX.

Au nº 2963, dans la galerie des lithographies, nous découvrons *la Messe du Saint-Esprit à la sainte Chapelle,* tirée du *Monde illustré.* A la signature de la composition du dessin, nous remarquons que c'est **M. Lix.** Comme la lithographie est réussie, le graveur a voulu faire jouir de cette vue le public et lui faire voir avec quel tact l'artiste sait grouper et arranger ses figures.

Cette année, cet artiste n'a que ce dessin à l'exposition. Ce n'est pas faute d'avoir des toiles sur le chevalet. Un *saint Etienne* et une *Alerte au corps de garde* n'attendent plus qu'un dernier coup de pinceau pour prendre le chemin du salon. Mais, soit qu'il considère l'exposition comme une chose trop sérieuse ou qu'il ne veuille pas envoyer des ébauches, comme bien d'autres, il préfère attendre et terminer, et en cela on ne peut que l'approuver.

M. Lix occupe aujourd'hui une place importante dans les rangs des dessinateurs officiels des grands journaux illustrés : il est accablé de besogne, et les éditeurs et les meilleures maisons viennent lui faire des commandes. A Paris, il n'est pas aisé de faire des planches, des dessins, qui sont régis par la mode et l'opportunité. Comme ce travail des journaux illustrés a du piquant et de l'intérêt, et qu'il est dans notre cadre, nous nous permettrons de le soumettre aux lecteurs. A première vue, quand on jette les yeux sur un dessin reproduit dans les journaux illustrés, on ne se figure pas et la peine de composition et les exigences du public et l'exécution. Chaque semaine le directeur du journal envoie à son dessinateur le sommaire. Vite l'artiste est obligé de courir, d'étudier son sujet, d'aller sur les lieux de l'événement, de prendre le croquis, de composer son tout, et cette besogne se fait presque toujours dans un jour et une nuit. Puis c'est le tour des graveurs. La plaque de bois est là, le crayon a reproduit le dessin, il faut fixer l'image. Les graveurs divisent les bois en trois, quatre morceaux pour hâter le travail. Et quand toutes les pièces sont faites, à l'heure dite, le dessin entre dans le cliché, la presse fonctionne et le lendemain il est distribué. Oh ! ne croyez pas que les artistes chôment à Paris. C'est à qui occupera une place assez importante, c'est à qui aura le travail le plus facile, plus correct, plus expéditif qu'un autre. C'est une véritable fièvre de travail, et ceux qui ne voient pas cela de près ne peuvent s'en faire une idée. A Paris on ne désire qu'une chose, celle de travailler le plus possible, pour avoir, en revanche, le plus d'indépendance. Maintenant, comme sur dix places, n'importe où, il y a vingt concurrents, il y en a toujours qui font antichambre et tâchent de supplanter les paresseux. Malheureux ceux qui sont malades, malheureux ceux qui ne sont pas à la hauteur du moment et des circonstances, ce sont ces âmes errantes qui ne peuvent jamais entrer dans le temple du repos. Ils sont continuellement en lutte avec la nécessité.

Nous sommes heureux de pouvoir fixer l'attention sur M. Lix, il est digne à tous égards de la bienveillance des Alsaciens. En nommant M. Lix comme un artiste arrivé, nous voulons donner un encouragement à ceux de nos compatriotes qui veulent descendre dans l'arène artistique. En Alsace il y a beaucoup de talents, et il ne manque qu'une seule chose, c'est qu'on ne stimule pas assez les intelligences, et on ne leur fait pas assez voir qu'ils ont le feu sacré et quelque chose de sérieux dans les flancs. Encouragez-vous les uns les autres, et vous parviendrez.

Nous arrivons maintenant à M. Théophile Schuler, un artiste des plus distingués.

SCHULER (Théophile).

Nous sommes devant un artiste qui vraiment a du talent et une grande facilité de composition. Nous serons toujours heureux de rendre compte de ses productions. Cependant nous ferons objecter qu'il y a certains artistes qui sont tellement susceptibles qu'on ne peut trop les louer ou trop les blâmer. Si vous les louez trop, vous voulez vous servir d'eux comme drapeau. Si vous les blâmez, vous cherchez à leur nuire. Il est donc bien difficile de se tenir dans le juste milieu. Pourvu qu'on se rapproche de la vérité le plus possible, c'est déjà beaucoup et tout le monde en est satisfait. C'est une simple réflexion qui nous vient sous la plume, et l'artiste que nous avons sous les yeux est en dehors de la question.

Où M. Schuler l'emporte, c'est dans l'originalité des créations. Son crayon a du nerf, de la souplesse et de la grâce. Il peut, sans se vanter et avoir trop d'orgueil, se croire un des bons dessinateurs de notre époque. Très-peu pourront lui contester son mérite. Il affectionne le crayon, le fusain, les teintes grises et blanches. Il aime la ligne à légers filets d'ombre et même arrêtés avec un certain cachet, on pourrait dire qu'il vise parfois au chic. Ce n'est pas un mal.

La prière des mineurs est une scène prise sur le fait. L'entrée de la mine est un peu sombre, la chambre à poutres noires trop étroite. C'est cependant réel. La fosse est là béante, prête à engloutir ces travailleurs. Avant de descendre, avant de saisir les échelons qui vont les conduire dans les demeures noires et presque privées d'air, ils songent à Dieu, à celui qui préside à tout. Que se disent-ils ? Prions... prions pour nous-mêmes, pour la conservation de nos personnes, pour qu'aucun malheur ne vienne nous surprendre dans les entrailles de la terre. On voit ces hommes prêts à descendre. Une femme avec un enfant qu'elle porte sur ses bras, à droite. Un jeune homme vigoureux est en face. Il est pensif. A gauche se trouve un jeune garçon. Le dessin est assez grand et les personnages bien rendus. Bref, puisque les mineurs sont censés noirs, il faut bien que le dessinateur les représente tels qu'ils sont. C'est touché de main de maître.

GRAVURE.

BŒTZEL.

Anciennement la gravure sur bois reproduisait les dessins avec beaucoup de défauts. Aujourd'hui, grâce aux modifications de la préparation des bois et de la couleur, on est arrivé à un point vraiment remarquable, et parfois une gravure sur bois l'emporte-t-elle sur une mauvaise gravure sur acier ou sur cuivre. Les hachures, les ombres, les effets blancs, noirs et gris sont ménagés avec art et n'est pas bon graveur qui veut. Il faut avoir surtout la souplesse de la ligne, la rectitude du trait et la grande habileté des hachures. C'est que c'est là qu'il est difficile de réparer une mauvaise ligne, il faut être sûr de sa main, sans quoi votre burin peut trancher impitoyablement l'existence d'un nez, d'un doigt, et la figure est massacrée et le bois est perdu. Aussi, un peintre, avant de donner un dessin, une reproduction de sa toile au graveur, pèse-t-il ce dernier dans son choix et consulte-t-il le talent et ses œuvres. Nous avons vu tel tableau mal gravé ne pouvoir être mis en vente, parce que le graveur avait mal déterminé les lignes et avait fait des estropiés, des bancals, et des borgnes en place de bonshommes droits et bien faits, l'œil ouvert et plein de feu. Si la gravure sur bois a un représentant digne et méritant, c'est M. Bœtzel. Nous avons aperçu le nom de cet artiste au bas de tant de dessins, qu'il a été de notre devoir de parler de lui et que nous ne pouvions nous dispenser de mentionner son talent.

Si nous nous souvenons, c'est à Strasbourg la première fois que le nom de cet artiste nous vint aux oreilles. Ce qui donna lieu à ce qu'on parla de M. Bœtzel, c'était l'apparition du *Veilleur de nuit alsacien*. Cette publication, qui vécut ce que vivent les roses, contenait beaucoup de dessins, entre autres gravés par M. Bœtzel. La richesse de la typographie et des gravures portait pour le grand nombre l'achat à un prix trop élevé. Les frais l'emportèrent sur la recette, et le journal s'évanouit. En somme, dans le plateau de la balance, la chope de bière l'emporta sur la rédaction. Comme quoi cependant il est difficile de créer un journal qui puisse garder continuellement une même ligne de flottaison. M. Bœtzel eut beaucoup de succès alors. Comme il s'était créé à Paris de belles relations, qu'il travaillait dans les publications parisiennes, on se trouvait honoré d'avoir recours à son burin. Il est vrai que cela pouvait être un peu exagéré, mais l'effet avait eu lieu. Depuis lors nous le perdîmes de vue, tout en entendant parler de ses travaux. Aujourd'hui il est arrivé à une belle position. M. Ingres a pris dernièrement la plume à la main pour féliciter le talent d'un graveur, tel que M. Bœtzel. C'est que ce dernier est vraiment artiste et qu'il manie le burin avec beaucoup de dextérité et d'adresse.

M. Bœtzel a, dans l'*Univers illustré*, gravé la reproduction des tableaux de salon. Il est attaché, comme graveur, à la *Gazette des Beaux-Arts*. En dernier lieu, M. Bœtzel a eu un beau succès. C'est lui qui a gravé, en tout ou en grande partie, les dessins de l'*Album autographe*. C'est une publication qui a une grande valeur au point de vue de renseignement artistique. Les amateurs, y rencontrant les noms principaux, peuvent juger des croquis et de l'écriture de nos meilleurs artistes de salon. C'est très-varié et surtout très-original. L'autographe intéressera ceux qui ont suivi avec intérêt les artistes au salon de l'exposition.

Nous sommes heureux d'enregistrer un nom qui sera cher aux artistes alsaciens. *M. Engel-Dolfus, de Dornach.*

Il serait à désirer que beaucoup de riches industriels imitassent ce nouveau protecteur, ce Mécène du Rhin. Quel grand pas ferait-on faire aux arts. Que d'encouragements distribuerait-on dans les masses et surtout que de bons résultats obtiendrait-on? Que font d'ordinaire les enrichis du jour. Après avoir travaillé d'arrache-pied à consolider une immense fortune pendant dix ou quinze ans, ils restent claquemurés chez eux, dans leur domaine. Ils font bâtir, à la mode du temps, des chalets, des châteaux, des villas, et quand ils ont tracé des parcs, ménagé des ombrages, ils se promènent dans ce nouveau monde où, au lieu de trouver l'enchantement, ils rencontrent partout la solitude et l'ennui. Oh! ne les enviez point, passants, qui n'apercevez la richesse que de loin. Rassasiés de cette vie nonchalante, ils veulent voir ce qu'ils n'ont pu aborder dans leur jeunesse. Les voilà, fringants, courant les bains et les capitales. Ils trouvent partout ce monde officiel, ces oisifs qui ont toujours vécu dans cette atmosphère; ils veulent causer affaires et on leur répond par des frivolités. Eux qui ont aimé le travail, ils sont en pleine cour d'oisiveté. Ils s'en retournent chez eux plus ennuyés que jamais, déplorant leur bien-être, en regrettant leur comptoir et leur usine. Ces braves gens ne peuvent pas même s'ennuyer comme les désœuvrés, comme les Orientaux, dans les plaisirs contemplatifs ; leur ennui est fatal et lourd, c'est que pour eux il n'y a jamais eu de ciel de nuages, de délassements, de caprices, de légères débauches d'esprit ; ils étaient trop sérieux, trop terre à terre, et là terre en retour les enlace ; en outre de cela ils portent la terre sur les épaules ; c'est la punition du dollar. Cependant il existe un petit nombre d'une intelligence plus qu'ordinaire, d'un grand cœur et surtout de cette vertu de rendre service à leurs semblables et d'attacher leur nom à des institutions utiles. Ceux-là sont vraiment heureux. Quoi de plus doux que de pouvoir caresser les prismes de la gloire, de voir son nom honoré et répété par un grand nombre. Ils ne sont pas nombreux, mais dès qu'ils surgissent, on les cite ; la renommée s'en empare et les place au premier rang. C'est le digne prix de leur dévouement et de leur peine. C'est que nous ne vivons pas pour nous seulement, nous vivons les uns pour les autres.

Que fait M. Engel-Dolfus, de Dornach ? il est riche, considéré, son bon cœur lui suggère d'encourager les arts. Comment s'y prend-il ? d'une manière si délicate, si gracieuse, qu'il contente la vanité la plus épineuse des artistes.

Si ce Mécène alsacien se faisait construire un château ? Ferait-il de sa demeure un tombeau vivant ? Y placerait-il des tableaux des grands maîtres ? Aurait-il des galeries pour flatter son amour-propre ? Peuplerait-il ses murailles de copies surannées ? Non, il se dirait avec raison : Pourquoi courir à Rome, à Madrid, à Paris, chercher dans ces capitales des sujets originaux ? On cherche parfois le bonheur à mille lieues de chez soi, lorsque le bonheur est sous votre main et qu'on n'a besoin que de se baisser pour le ramasser. L'Alsace est riche en peintres, chaque année on en mentionne un grand nombre. Choisissons dans cette pléiade dix noms, dix talents. Il prend du papier et une plume et trace le nom des artistes qu'il désire. Ils vont me peindre des panneaux. Je leur laisse entière liberté pour le choix du sujet. Inspirez-vous et que, dans un moment donné, en retour de ma commande, vous m'envoyiez votre toile. Arrangez-vous; si vous tenez votre promesse, c'est moi qui vous remercie.

Les dix artistes alsaciens sont : *Brion, Glück, Henner, Haffner, Jundt, Kreutzberger, Lix, Laville, Théophile Schuler* et *Schützenberger*.

Nous espérons que cela sera une galerie assez originale et attrayante. Pour les personnes qui aiment les beaux sentiments, les choses faites à la Monte-Christo, elles peuvent voir par ce que nous avançons que les belles idées, les choses de bon goût ne sont pas seulement dans les livres et récitées sur la scène, mais qu'elles existent en réalité.

A côté de M. Engel-Dolfus, de Dornach, on peut placer le nom de M. Jean Kœchlin, qui fait aussi beaucoup pour les arts.

Que ce que nous venons de retracer trouve un écho parmi nos compatriotes et que le Bas-Rhin seconde le Haut-Rhin dans ses belles entreprises artistiques, et on obtiendra des résultats éclatants. M. Standaert est de ces pionniers de l'avenir qui, par son journal, mouvemente le Haut-Rhin au point de vue des arts et des sciences.

Après avoir visité les salons, on descend dans le jardin, où se trouvent les statues et les plâtres. Cette année rien d'archi-monumental n'est venu défrayer les bronzes et les marbres. Tout est un peu dans un ordre régulier de taille et de forme. Les statues sont habilement groupées et une symétrie artistique gradue les différents parterres. Vous parcourez ces méandres où les socles supportent des marbres à poses les plus variées, le vis-à-vis s'harmonise ou fait contraste. La visite n'est nullement monotone ou fatigante; elle egaie ou instruit le promeneur. Ces squares de fleurs, cette verdure, ces reposoirs, où l'amateur peut à son aise contempler, admirer les morceaux d'art, sans fatigue, tout en fumant son cigare, ou rêvant et comparant.

La sculpture, en France, loin de s'éteindre comme le prétendent quelques-uns, se relève de sa torpeur et s'efforce de marcher en avant. Le plus difficile pour l'artiste, c'est de trouver l'argent nécessaire à l'achat du bloc de pierre ou de marbre et l'écoulement de sa marchandise, qui n'est pas chose facile. Le gouvernement a fait son possible, soit par des commandes ou par des restaurations, à relever cet art. En cela on ne peut que l'approuver. Maintenant c'est aussi aux artistes de répondre à l'appel. L'industriel commence à prendre goût aux ornementations ; il se laisse aller jusqu'aux cariatides. C'est déjà du progrès, il ne considère plus les statues comme porte-flambeaux d'escalier, mais comme objet d'art.

L'administration du chemin de fer du Nord donne l'exemple des statues. La façade de la gare est ornée de statues. Voilà cependant une chose qu'on aurait dû faire depuis longtemps. Comment ! les inventeurs de la vapeur, les Papin, les Vatt et tant d'autres ne sont placés nulle part ou simplement en frontispice ? Ne devraient-ils pas être coulés en bronze, placés en montre dans le centre de la cour d'honneur des principales gares des grandes villes. Et si le bronze manque, le ciseau taillera la pierre ou le marbre. Cela sera une juste récompense accordée au génie. Mais non, la nudité, la monotonie la plus extrême règne dans toutes les galeries. Aucun enseignement, aucun nom ne vient frapper l'œil du voyageur. Il arrive, il part, sans savoir dans quoi il roule, sur quoi il marche et quels sont ceux auxquels il livre son destin.

On dirait que ceux qui sont les causes premières du bien-être, du progrès et de la facilité de locomotion n'ont jamais existé et que l'on ne doit remercier que l'employé qui vous ouvre la portière du compartiment et non les ingénieurs, les savants et ceux qui se sont dévoués pour l'œuvre. Que de travaux, que de bustes à ciseler, que de noms à faire sortir de l'oubli. Ils ne manquent pas, les légionnaires de l'industrie. Prenez de l'ouvrier mécanicien jusqu'aux ingénieurs, vous trouverez des noms honorables. Cela fera plutôt hausser que baisser les actions. L'attention publique se portera davantage sur les travaux et tout le monde y trouverait son intérêt.

Revenons à notre sujet.

BARTHOLDI ✻.

2500. *Le martyr moderne.* — Cet artiste ne manque jamais à l'appel des expositions. Il est toujours présent avec des plâtres, des statues, des statuettes, des fontaines monumentales ou des socles soutenant des sujets militaires. Il produit sans cesse des travaux, et ce qui sort de son ciseau et sous la dextérité de ses doigts a toujours du cachet et mérite l'attention. Pendant notre court séjour à Colmar, nous avons entrevu de nombreux travaux de cet éminent artiste. Nous nous souvenons de Colmar avec beaucoup de plaisir. Cette noble cité recevait les orphéons d'Alsace et des autres départements. Toutes les sociétés de chant arrivaient bannière en tête pour obtenir sa médaille au concours. Comme membre honoraire d'une de ces sociétés, nous parcourûmes avec les invités les rues pavoisées de drapeaux et enguirlandées de fleurs. La réception était royale, la musique avait réuni les cœurs et toute la journée se passa en fête et en concerts. Il faut l'avouer, Colmar est une cité fort gracieuse et très-hospitalière. On n'épargne rien pour les convives. En passant devant une propriété à haies vives et à petit mur, on tira des fusées en l'honneur du cortége. On prononça le nom de M. Bartholdi, et notre voisin, en aimable cicerone, nous donna des détails sur le talent et les aspirations du sculpteur. Depuis lors, nous nous souvinmes de cette conversation, et les appréciations, données par un étranger, un ami d'un jour, nous servent à présent.

Le martyr moderne est en plâtre. Prométhée, ce fils de Japet, qui déroba la lumière du ciel, est là sur le roc. Il est enchaîné, il veut se soulever, mais ses terribles liens le retiennent captif sur le roc. Sa couche n'est pas douce: son dos, son épine dorsale, doit parfois craquer sur la pierre. Et ce vautour, qui s'abat sur ce corps vivant qui a beau se la—

menter, jette des cris perçants à faire trembler les monts Caucasiens. Cet homme torturé, les yeux injectés de sang, en vain lance des regards de douleur et de haine à son terrible ennemi. Qu'importe ! il souffrira, et le plus cruel des supplices, il ne mourra pas, son foie à peine arraché des entrailles de ses flancs sanglants, son foie renaît, et le vautour à peine rassacié, un autre vautour s'abat et se met à faire son lugubre festin.

Oh ! pourquoi donc, imprudent novateur, t'es-tu laissé prendre et attacher à ce roc. N'as-tu pas dans la plaine des amis, des parents, des sœurs, des jeunes filles qui t'aiment, et qui franchissent ces sommets pour venir te délivrer? Non, c'est ta punition. Le paganisme ne connaissait pas encore le pardon. Les dieux de l'Olympe t'ont condamné à vivre et à souffrir mille morts jusque dans toutes les éternités, puisque tu es venu sur la terre après avoir escaladé la demeure des dieux, et apporté le feu, la lumière qui était sous le boisseau. Mon Dieu, il y a des Prométhée partout ; seulement dans notre temps, il y a un jour de résurrection et de gloire. C'est le Christ qui est venu à son tour apporter l'amour du prochain, le pardon des fautes. Ces mots ne sont rien pour nous autres accoutumés et faits à ces idées ; mais en face du paganisme de la mythologie des anciens, c'est un nouveau monde. Il nous a apporté l'espérance, la fraternité, et cette liberté des âmes qu'on ignorait dans les autres âges.

En voyant le martyr moderne (Pologne), nous avons été vraiment touché de cette composition. Ce vautour à deux têtes déchire les flancs de cet homme vigoureux. Qu'as-tu donc fait pour ce déshérité, quels sont tes crimes ? Il nous répond : Je suis la Pologne, demande-le aux steppes, aux neiges, aux glaces des pôles. C'est de là que nous viendront des soupirs, des plaintes, des gémissements ! Je suis enchaîné, je ne puis répondre ; les griffes du vautour me morcellent, me hachent les flancs. Laissez-moi mourir dignement en gladiateur romain, la tête haute et l'œil plein de feu et de cette douceur angélique qui pardonne à son terrible adversaire. Va, lui dit le passant, qui essuie à la dérobée une larme que le froid

changé en glaçon, tu seras plus heureux que Prométhée; le
jour du pardon viendra. Hélas! tu es juché trop haut, tu es
notre cœur, mais comment veux-tu que nous escaladions ce
roc. Espère, c'est la seule parole. Espère dans la miséricorde
de Dieu. Tu peux mourir, mais tu renaîtras plus glorieux.
M. Bartholdi a mis dans son sujet toute son âme, tout son
cœur et sa vigueur. Il s'est plongé entièrement dans les
sphères élevées, il s'est jeté dans les ondes du dévouement,
et en est sorti en ramenant au rivage son martyr tout palpi-
tant, les yeux hagards, les cheveux hérissés. La composition
n'était pas facile, et l'artiste a triomphé des difficultés. C'est
mouvementé, le désespoir et la douleur cuisante sont bien
exprimés. Le plâtre parle et vaut mieux qu'un long poëme.

GRASS.

2652. *Buste du général Reibel.* — Qui ne connaît pas la
magnifique statue de Kléber, de Grass?. Qui ne se rappelle
la pose superbe du héros des Pyramides, s'appuyant sur
son sabre et montrant sa belle tête, fière et noble, aux yeux
de tous? Tout le monde. C'est vraiment un morceau qu
passera à la postérité. Kléber est bien l'incarnation d'un enfant du siècle dernier; le courage, la valeur et le patriotisme
Mais nous ignorons pourquoi l'artiste n'a pas encore livre
au commerce la réduction de cette statue. On ne la voi
nulle part, soit en bronze, soit en plâtre, la photographi
seule l'a rendue. Cette année, M. Grass a fait le buste d'ur
autre général. Une tête qui sourit aussi au marbre et ar
bronze. En passant dans la galerie des bustes, nous avons
l'instant même reconnu dans le buste de M. Grass le prof
du général Reibel. C'est frappant de ressemblance, et tou
ceux qui n'ont fait qu'entrevoir le général le reconnaissen
de suite. M. Grass est un artiste arrivé. Il a fait ses preuves
et nous n'avons pas besoin d'énumérer ses nombreux tra
vaux; le public strasbourgeois les admire journellement.

Comme nous sommes éminemment Alsacien, nous tenon
à cœur à tout ce qui se passe dans cette province; depui

quelque temps, surtout depuis l'ouverture de l'exposition du salon de Paris, différents articles ont paru dans ce journal et dans le *Bibliographe alsacien*, si intelligemment dirigé par M. Charles Mehl, son fondateur et son directeur, sur l'Exposition Rhénane. Il y a de cela six ans au moins, nous avons parlé longuement dans l'*Indicateur* (*Moniteur du Bas-Rhin* aujourd'hui) qui n'avait pas l'extension qu'il a actuellement, extension qu'il a grâce à l'activité et à la gérance de M. Christophe, le propriétaire et rédacteur; nous donnions un des premiers le compte rendu des salons de l'Exposition Rhénane, mais notre voix trop faible a été à peine entendue, puisque, hélas ! nul n'est prophète dans son pays. A l'heure qu'il est, on commence à comprendre le mal et on se réveille ; dans les différents articles que nous avons lus, on se plaint d'une manière générale de la mauvaise organisation et du peu de résultat. On ne veut plus ces hôtes allemands qui profitent de tout, et qui n'apportent rien dans la maison. Ces messieurs deviennent exigeants et l'emportent sur nos artistes dans le classement et l'achat des toiles. Les villes frontières, et surtout Strasbourg, ont à se plaindre de cet empiétement d'étrangers; d'hôtes que ces messieurs sont, ils deviennent bientôt acquéreurs ; accordez-leur une place d'honneur à votre foyer, bientôt l'enfant de la cité, de la province sera éliminé, soit que la patrie l'appelle, que les affaires l'enlacent, qu'une légèreté de caractère lui fasse quitter son foyer ; à son retour il trouve la place prise, comme le dit le vieux dicton : qui va à la chasse perd sa place. L'étranger donc a réussi, puisqu'il avait plus de souplesse, plus de patience et plus de travail. Qui doit-on accuser? la généralité! Qu'attendez-vous de l'Allemagne en fait d'art? Je l'ignore; mais ce que nous savons, c'est en France que les artistes allemands viennent chercher le bon goût. Serait-il donc si difficile de créer un musée composé des toiles des meilleures œuvres des artistes que l'Alsace a vu naître. Pour obvier à tout cela, demandez le concours des uns et des autres, ne vous laissez point abattre. Priez l'administration, la commission de vous venir en aide. Vous professeurs de dessins, vous artistes d'un véritable mérite, laissez de côté vos petites rancunes, et ne boudez plus à tel membre de la commission ou à tel concurrent. Que les salons se remplissent d'essais d'élèves des écoles industrielles, des lycées de l'Alsace ; vous aurez des sujets, vous produirez de l'intérêt, vous forcerez le grand nombre à franchir les perrons de notre musée, pour vous juger et critiquer les différentes productions. Les parents, les amis, tous voudront apprécier et voir le progrès de leurs enfants ou de leurs proches. Au lieu d'avoir des salles diverses et peu fréquentées, vous aurez des salons où circuleront la vie et le mouvement. A quoi sert donc le musée? Si ce n'est à donner de l'encouragement aux jeunes artistes. N'est-ce pas l'antichambre des grands salons parisiens? L'artiste s'essaie d'abord dans les expositions de province, puis il vole vers la capitale et revient de nouveau vers le musée avec de riches toiles, et par là il enrichira la ville et la province. Oh ! ne croyez pas que nous en voulions aux Allemands, aux étrangers. Loin de là, nous aimons l'Allemagne avec ses académies et ses productions; nous lisons avec plaisir les poésies alsaciennes en idiome du pays, les poètes allemands. Nous nous sommes complu à traduire, il y a quelques années, sous un pseudonime, les poésies de l'album de M. Klein, en l'honneur du fabuliste Pfeffel de Colmar. Mais, ce que nous désirons, c'est que chacun, avant tout, soit Français, soit de sa province, de sa ville, qu'il y ait échange entre les nations voisines d'intelligence et de bons procédés. Mais qu'on ne vienne pas nous parler d'être dupe de tels aventuriers, de tels écumeurs de nations. C'est là que la question change. Avant tout il faut défendre sa nationalité, sa cité, sa province contre les envahisseurs de l'art et les faux démonstrateurs de sentiments.

En résumé, l'exposition a été brillante, seulement trop tôt close. Nous aurions voulu parler de beaucoup d'artistes distingués, mais notre cadre se limitait aux bords du Rhin et aux Vosges. Nous n'avons rien vu cette année de M. Degand, de Lille. Cet artiste, dont la peinture est unie et gracieuse, est fort goûté. Ses sujets ont vraiment de la grâce sous son pinceau de feu. Espérons que l'année prochaine nous pourrons parler de lui.

Nous aurions bien voulu parler de M. Haffner, peintre arrivé, et qui fait de si belles choses. Il paraîtrait que des travaux importants l'empêchent de s'occuper de l'exposition. L'exposition nonobstant est une belle institution. Elle rafraîchit la mémoire des·amateurs, et les artistes y gagnent toujours. Pourquoi M. Lallemand, qui a le crayon si coquet et si facile, n'a-t-il pas envoyé des croquis, des dessins ? Il est vrai que son journal l'*Illustration de Bade* lui prend du temps, qu'il tourne et retourne sans fin les richesses inépuisables du pays de Bade. Son journal prospère et formera une belle collection. M. Lallemand devrait songer qu'un certain public serait friand de ses compositions spirituelles et gracieuses.

Nous pourrions demander à d'autres artistes la même chose. Artistes alsaciens, ne craignez rien, les salons de l'exposition sont assez vastes, et les belles créations ont toujours leur place et trouvent un anneau pour suspendre leurs toiles ou leurs dessins dans le palais de l'industrie.

Si l'exposition a été ce qu'elle est, c'est grâce à l'activité incessante du surintendant des beaux-arts, M. de Nieuwerke. Il comprend l'artiste, il connaît ses besoins, ses aptitudes, ses travers et son but. Il est surtout affable, prévenant et ne renvoie jamais ceux qui viennent au devant de lui avec une parole malsonnante ; au contraire, il est généreux et bon, et par là donne une impulsion aux arts. Il est rare de trouver un homme tel que lui, et artistes admis et non admis ne peuvent que s'en louer.

Maintenant nous devons remercier M. Buon, inspecteur des beaux-arts, chevalier de la Légion-d'Honneur, de sa complaisance et de son affabilité. Lors de notre compte-rendu du Musée Campana, il nous avait donné les meilleurs renseignements. Cette année, il nous a facilité les moyens de visiter le musée et de faire un travail consciencieux.

Artistes alsaciens, vous avez devant vous dix grands mois; au travail donc et à l'année prochaine.... !

www.ingramcontent.com/pod-product-compliance
Lightning Source LLC
Chambersburg PA
CBHW051629060726
47597CB00004B/1500